Solopreneuse

Conception de la couverture : Carolle Bergeron
Révision : Micheline Harvey
Photo de l'autrice : Martine Clairoux

© 2022 — Danielle Guérin

ISBN : 978-2-9813505-4-1

Dépôts légaux : Décembre 2022
Bibliothèque et Archives nationales du Québec
Bibliothèque et Archives Canada

https ://danielleguerin.com
https ://academiedesadjointes.com

AVERTISSEMENT

Les informations présentées se veulent d'ordre général et elles ne se substituent en aucun cas aux conseils d'un professionnel (psychologue, fiscaliste ou comptable). Il est de votre responsabilité d'effectuer vos propres recherches et de consulter un professionnel en cas de besoin.

Solopreneuse

20 ans d'entrepreneuriat et d'apprentissage

Danielle Guérin

Aux femmes qui osent rêver

Table des matières

Introduction

Je n'ai pas toujours rêvé d'être entrepreneure.

Toute petite, je rêvais d'être pâtissière ou enseignante. J'ai toujours aimé les desserts, et c'est à l'école que j'étais le plus heureuse. Plus tard, après avoir découvert les livres et l'existence du métier d'écrivaine, c'est ce que j'ai voulu faire.

On a vite éteint mon rêve en me disant que l'on ne vit pas de sa plume, qu'il me faudrait un « vrai » métier.

J'ai donc choisi d'être enseignante, parce qu'on m'a dit que j'étais faite pour ça, et que c'était un choix plus sécuritaire, financièrement.

Après un diplôme d'études collégiales (DEC) en lettres, j'ai obtenu mon baccalauréat (diplôme de premier cycle à l'Université) en éducation au préscolaire et enseignement au primaire.

J'ai fait quelques contrats de suppléance avant de réaliser que ce n'était vraiment pas pour moi. Je crois encore aujourd'hui qu'il faut avoir une certaine vocation pour être responsable de l'éducation des enfants.

En 1995, j'ai commencé à travailler comme adjointe chiropratique à la clinique où j'allais me faire ajuster[1]. J'y suis restée pendant sept ans, et ce fut une belle période de ma vie.

En 2000, je suis allée vivre avec Mario, quelques années avant notre mariage. Chaque jour, je marchais et je prenais l'autobus pour me rendre au travail. J'en profitais pour visualiser ce que je voulais dans ma vie.

Je n'étais pas satisfaite et j'avais envie de changement, sans savoir exactement ce que je voulais faire.

Chaque retour au travail après une période de vacances était difficile. Je ne voulais plus être employée. Je songeais même à faire des confitures et de l'artisanat que je vendrais dans les salons et les marchés pour subvenir à nos besoins.

Puis, un jour, mon patron qui partage mon amour de la lecture, me prête le livre **The Portable Coach** de Thomas J. Leonard, Fondateur de la Coach U et de Coachville. C'est dans ce livre que j'ai découvert le métier d'assistante virtuelle, la traduction de « Virtual Assistant ».

Ça y est, j'allais devenir assistante virtuelle, moi aussi!

J'ignorais qu'en réalité, j'allais devenir entrepreneure (pas juste travailleuse autonome) et qu'en plus, je m'embarquais dans un processus de

---

[1] Ajustement : soin chiropratique

développement personnel à long terme. J'ai tellement évolué, que la femme que je suis aujourd'hui n'a presque plus rien à voir avec celle que j'étais, il y a 20 ans.

Si tu as choisi ce livre, c'est probablement parce que, comme moi, tu aimes découvrir comment d'autres personnes ont fait ce que tu souhaites faire à ton tour.

Les 20 dernières années m'ont permis d'intégrer les leçons que je te partage dans les prochaines pages.

Comme je n'ai pas envie de te faire la morale, je te donne des exemples concrets, à l'aide d'anecdotes racontées. Lorsque ce sera approprié, je te proposerai des pistes de réflexion.

C'est ton livre, maintenant. Tu peux le lire d'une traite, le savourer chapitre par chapitre, le lire en diagonale ou encore, lire les chapitres dont les titres t'interpellent le plus.

J'ai un cadeau pour toi. Le lien est à la page 131.

Il y a plus de courage que de talent dans la plupart des réussites.

- Félix Leclerc

Es-tu sérieuse?

C'est en août 2002 que je décide enfin de quitter mon emploi, après plusieurs mois de recherche et de réflexion. Je fais de la tenue de livres pour une cliente depuis le début de l'an 2000 et je songe à proposer ce service pour commencer.

Lorsqu'elle vient chercher ses documents, je lui dis :

« Je ne serai plus ici en septembre 2003. »

Elle me demande ce que j'allais faire.

Je lui explique que je vais devenir assistante virtuelle. Elle me demande ensuite pourquoi je veux partir dans un an et pas avant, parce qu'elle aura bientôt besoin d'une assistante virtuelle pour son entreprise de coaching.

J'ai choisi d'attendre, parce que ce sera plus facile pour moi. J'aurai le temps de mettre de l'argent de côté pour ma sécurité financière.

Elle me conseille alors de retourner à mes calculs, de réfléchir à comment je pourrais arriver à quitter mon emploi plus rapidement. Il existe sûrement d'autres solutions.

Ce soir-là, je n'ai presque pas dormi. À cinq heures le lendemain matin, je lui envoyais un courriel lui disant que je pourrais peut-être quitter en mai 2003. J'avais réduit l'échéancier de trois mois, mais je n'en suis pas restée là.

J'ai continué ma réflexion, à chercher des solutions, et de calcul en calcul, je décide que je partirai en février 2003.

Pendant ce temps, je consulte des comptables que j'estime beaucoup pour vérifier si c'est vraiment possible. Il y a un homme et une femme.

Lui, comptable de mon patron, m'a dit : « Es-tu sérieuse dans ta démarche? Tu sais, les clients vont s'attendre à ce que tu sois bonne. Tu n'auras pas le droit à l'erreur. »

Je me suis alors mise à douter de mon projet et de moi. Et si je n'étais pas assez bonne pour me lancer? Est-ce qu'il me dit ça parce que je ne fais pas bien la tenue de livres de mon patron? Et si ça ne marchait pas?

Je me suis quand même rendue à mon rendez-vous avec l'autre comptable, celle de ma toute première cliente. Elle était aussi bien placée pour savoir si je pouvais réussir, puisqu'elle a vu les résultats de mon travail.

« Bien sûr que tu peux faire ça. Il y a juste une chose. Tu ne charges pas assez cher et ça pourrait miner ta crédibilité. Va falloir que tu penses à augmenter ton tarif. »

Tu as compris que j'ai choisi d'écouter celle qui m'encourageait, plutôt que l'autre.

En octobre 2002, ma cliente m'invite au restaurant pour discuter de ma transition professionnelle. Comme elle est coach, elle m'avait posé trois questions auxquelles elle voulait que je réfléchisse avant notre rencontre.

De combien de clients avais-je besoin pour me sentir en confiance et quitter mon emploi?

Où je me voyais dans un an?

Quelle est ma vision à plus long terme?

Je n'avais aucune idée du nombre de clients. Je pensais en termes financiers et du nombre d'heures disponibles dans mon horaire.

Dans un an, je voulais simplement faire le même revenu qu'avec mon emploi.

Ma vision à long terme était plus audacieuse. Je me voyais déjà occupée à former des assistantes virtuelles. Ce que je fais depuis 2003.

Impressionnée par mes réponses, ma cliente m'a donné le nom de deux clients potentiels avec qui communiquer. Elle m'a aussi conseillé d'annoncer mon départ à mon patron le plus rapidement possible, même si mon départ n'était prévu qu'en février de l'année suivante.

Quelques jours plus tard, je vais voir mon patron et je lui annonce que je quitterai mon poste, dans quelques mois.

Il était sous le choc et sa réaction a été de commencer tout de suite à chercher ma remplaçante. Aujourd'hui, je sais que c'était une réaction tout à fait normale, mais à l'époque, je me sentais comme s'il avait juste hâte que je parte.

Après une discussion émotive avec mon conjoint, j'ai décidé de devancer mon départ au 21 novembre 2002.

J'étais sérieuse dans ma démarche et ça été le coup de pied au derrière dont j'avais besoin pour enfin passer à l'action.

Aujourd'hui, 20 ans plus tard, je n'ai aucun regret. C'était la meilleure décision à prendre pour moi.

Si tu songes à te lancer, toi aussi, voici quelques pistes de réflexion :

Comment est-ce que tu te sens face à la solitude?

Tu auras à passer de longues heures, toute seule, devant ton ordinateur. Est-ce que tu te sens bien face à la solitude ou as-tu besoin de sentir la présence physique de quelqu'un dans la pièce voisine?

Si tu crains de t'ennuyer, tu peux joindre des réseaux locaux où tu rencontreras des gens régulièrement ou encore, tu peux t'abonner à un espace de coworking.

Pour combler mon besoin de voir des gens, j'offrais à mes clients locaux la possibilité de les rencontrer en personne, au moins une fois par mois. Aujourd'hui, je vais occasionnellement prendre un café avec des collègues.

Es-tu assez autonome pour travailler seule?

Aimes-tu avoir des responsabilités?

Es-tu capable de prendre des décisions et d'en assumer les conséquences?

Es-tu capable de planifier ton horaire de travail et de t'y tenir?

Quelle est ta tolérance à l'insécurité?

Peux-tu vivre sans le versement régulier d'un salaire?

Es-tu capable de te fixer des objectifs à long terme et de supporter l'insécurité?

Es-tu prête à travailler plusieurs mois (parfois plus!) avant d'apprécier le fruit de tes efforts?

Bien que je n'aie pas envie de te faire peur, il faut être réaliste lorsqu'on démarre une entreprise. Le succès, dans bien des cas, ne vient pas instantanément.

Tu auras probablement à vivre des périodes creuses, sans client, et par le fait-même, sans revenus.

As-tu un coussin financier (de l'épargne) pour t'aider durant la phase de démarrage?

Si tu as un coussin financier, tu sauras mieux faire face aux périodes d'insécurité où le téléphone ne sonne pas et où les clients ne se bousculent pas à ta porte virtuelle.

Une excellente solution pour atténuer le sentiment d'insécurité financière est simplement de démarrer ton entreprise à temps partiel, tout en conservant ton emploi. Certaines ont même pu négocier un horaire réduit avec leur employeur, de trois ou quatre jours par semaine, afin de consacrer le reste de leur temps à l'implantation de leur entreprise.

Est-ce que tu peux compter sur la collaboration de ta famille? (Respect de l'espace, du temps de bureau)

Le temps avec la famille est important. As-tu un espace de travail séparé de l'espace familial? Prends le temps d'expliquer à ta famille qu'ils devront se débrouiller sans toi lorsque tu es au bureau.

Certaines entrepreneures ont convenu d'un code avec les membres de leur famille pour éviter d'être interrompues lorsqu'elles sont en discussion avec des clients. La porte fermée ou encore des affiches qui s'accrochent à la poignée de porte indiquant de « ne pas déranger » sont des solutions simples qui transmettent clairement le message.

Auprès de quel.le entrepreneur.e expérimentée peux-tu trouver du soutien et de l'encouragement?

Le mentorat ou l'accompagnement sont d'excellentes façons de diminuer la courbe d'apprentissage et d'aller chercher du soutien et de l'encouragement de quelqu'un qui est déjà passé par là.

Le courage, c'est regarder la peur en face et lui dire « Hey, tasse-toi, j'ai des choses à faire". »

- Auteur inconnu

T'es qui, toi?

En choisissant de devenir entrepreneure, je ne savais pas qu'en plus de découvrir une façon différente de travailler, j'allais à la rencontre de la vraie Danielle. Ça m'a pris du temps à comprendre qui j'étais, parce que j'ai longtemps agi en fonction de ce que je pensais qu'on attendait de moi.

J'ai compris, par exemple, que je suis introvertie et que j'ai besoin de beaucoup de temps seule pour être à mon meilleur. Il m'a fallu ajuster mon horaire en conséquence.

Après plusieurs ajustements, j'ai instauré des journées sans rencontre. Je limite le nombre de visio-conférences dans une même journée et dans une semaine en m'accordant du temps entre deux rencontres.

Lorsque je participe à une formation de quelques jours, je me lève un peu plus tôt pour me préparer mentalement à la journée qui commence, je vais marcher et je m'assure d'avoir du temps en soirée pour me régénérer. Ça peut être aussi simple que de prendre un bon bain chaud ou, si la formation est dans un hôtel au bord de la mer, je vais marcher sur la plage. L'eau a un effet apaisant sur moi.

Ça veut aussi dire que je choisis le type de communication qui me convient le mieux. Je préfère donc les audios et l'écriture.

Si toi aussi tu es introvertie et que tu as choisi un type de services qui te convient, tu ne souffriras pas de la solitude. Tu pourras travailler tranquillement, sans être dérangée, et tu pourras même limiter tes sorties, si tu le souhaites.

Cependant, il te sera nécessaire de sortir de ta grotte de temps en temps pour rencontrer et discuter avec tes client.es. Tes « sorties » peuvent être aussi simples que de faire une rencontre Zoom ou Teams. Ces réunions sont importantes pour ton travail et pour développer la relation avec ta clientèle.

Si, au contraire, tu es extravertie, tu devras trouver des moyens de rencontrer des gens régulièrement, parce que c'est comme ça que tu rechargeras tes batteries. Ça peut être en allant travailler dans un espace de coworking ou en t'assurant que tes loisirs te permettent ces contacts si importants pour ton bien-être.

Connais-tu tes talents? Utilise-les!

Tout le monde a des talents. Nous en avons tous, je t'assure. Ces talents ne sont pas nécessairement pour les arts de la performance comme le démontrent certaines émissions de télévision populaires que nous connaissons…

Toutefois, ce sont nos forces, et lorsque nous utilisons nos forces, tout semble plus facile.

Quand je parle de forces, je mise sur beaucoup plus que tes compétences techniques. Ici, je veux focaliser sur les compétences personnelles, les qualités naturelles que nous avons tous pour réaliser notre plein potentiel. Oh, ça sonne cliché, n'est-ce pas? C'est important, alors laisse-moi t'expliquer.

Jusqu'à tout récemment, on nous conseillait de travailler à corriger nos faiblesses. Toutefois, c'est contreproductif et ça demande tellement d'énergie. Pourquoi ne travaillerions-nous pas plutôt sur ce qu'on fait de mieux?

Un talent, ou une force, comme l'indique Tom Rath dans StrengthsFinder 2.0 [2], c'est « notre habileté à fournir une performance quasi parfaite ». Si tu ne connais pas tes talents, je t'invite à lire ce livre et à faire le test en ligne. Il est disponible en français. Ce test te fournira un rapport avec ton Top cinq thèmes et des idées pour tirer parti de chacun de tes cinq principaux thèmes.

Connaître tes forces t'aidera à fournir un excellent service à tes clients et à trouver des membres d'équipe et des partenaires qui compléteront tes talents à merveille.

Par exemple, deux de mes talents sont la responsabilité et la maximisation. Pour mes clients, c'est important, car ça signifie que je livre toujours sur mes promesses puisque ma réputation et mon équilibre en dépendent, et que j'ai le talent de

---

[2] Strengthsfinder 2.0 de Tom Rath (comprend un code pour faire le test) https://amzn.to/3EYF5a5

prendre quelque chose de bon et de l'améliorer pour que ce soit excellent.

Plus précisément, la responsabilité veut dire que je me sens psychologiquement responsable de tout ce que je m'engage à faire et, que la tâche soit petite ou grande, je me sens obligée d'aller au bout de tout ce que j'entreprends.

Une fois que tu connaîtras tes cinq principaux talents, tu pourras développer le sixième talent[3], qui consiste à les communiquer, à les mettre en valeur pour réussir en affaires et mieux servir tes clients.

Il existe aussi d'autres tests pour connaître tes forces et tes talents. Je te fournis une liste sur la page du bonus.

https://danielleguerin.com/solopreneuse-bonus/

---

[3] Le 6e Talent de Carole Doucet et Martin Ducharme

Qu'est-ce qui compte vraiment?

Soyons honnêtes. On choisit l'entrepreneuriat d'abord pour combler certains de nos besoins.

On se lance en affaires souvent parce qu'on a besoin de liberté, de nouveauté, de sentir que l'on contribue, bref, les raisons sont nombreuses et varient selon la personne.

Qu'est-ce que ça te prend pour être toi-même, à ton meilleur?

La réponse se trouve dans tes **besoins et tes valeurs**. Ils te serviront de boussole et te guideront dans la création de ta vision pour toi et pour ton entreprise.

Tes besoins

De quoi as-tu besoin pour te sentir bien? Qu'est-ce que ça prend pour que tu sois heureuse?

Ce n'est pas évident à trouver si tu as tendance à mettre les besoins des autres personnes avant les tiens.

Je me suis créé des besoins à partir de ce que je pensais que je **devais** vouloir. C'est tordu, n'est-ce pas? Et pourtant, je sais que je ne suis pas la seule à l'avoir fait dans un souci de plaire, et d'éviter le rejet.

Outre les besoins de base (se nourrir, avoir un abri, être en sécurité), tu peux avoir besoin d'autres choses. Ce sont les besoins personnels.

Je partage ici les résultats d'un exercice que j'ai fait dans le cadre du programme Moi au cœur de mon succès avec Stéphanie Forgues[4].

Mes besoins

Paix : je comble ce besoin en méditant, en allant marcher en nature et en m'accordant du temps seule.

Liberté : un horaire flexible avec des plages où je n'ai rien à faire contribue à mon sentiment de liberté.

Cohérence : j'ai mis en place une structure et des systèmes avec des suivis réguliers.

Accomplissement : je suis des formations, je crée et j'écris régulièrement. Ceci est mon septième livre.

Prends le temps d'écrire tes besoins qui sont très certainement différents des miens et comment tu pourrais les combler. Je te fournis un exercice sur les besoins dans les bonus.

---

[4] https://stephanieforgues.com/mcs

Tes valeurs

Tes valeurs représentent ce qui est important pour toi, ce qui te motive à agir d'une certaine façon, à prendre certaines décisions.

C'est important d'honorer ses valeurs. Souvent, quand nous ignorons nos valeurs, nous avons l'impression de ramer à contre-courant. Crois-moi, ce n'est pas nécessaire de se compliquer la vie inutilement.

Au début, tu feras peut-être comme moi. Tu vas choisir des valeurs qui paraissent bien. Celles que tu crois devoir avoir pour être une bonne personne.

Tes valeurs peuvent ressembler à ceci :

- Famille
- Amour
- Honnêteté
- Contribuer
- Plaisir

Avec l'exercice des valeurs que je fournis dans le bonus, cible tes valeurs principales et évalue comment tu les honores à ce moment-ci de ta vie.

Avec l'expérience, tu remarqueras un sentiment d'inconfort lorsque tu t'apprêteras à agir contrairement à tes valeurs.

Voici quelques-unes de mes valeurs fondamentales :

Honnêteté/intégrité

L'honnêteté pour moi, c'est bien plus que de dire la vérité. En fait, honnêteté et intégrité sont indissociables pour moi.

L'intégrité, c'est faire la bonne chose, même si c'est difficile et que personne ne te voit.

Il y a eu des occasions où on m'a dit « ce n'est pas grave, personne ne va le savoir » et chaque fois, je répondais « oui, mais moi je vais le savoir et je n'aurai pas la conscience tranquille. Je veux bien dormir ce soir. »

Je préfère vivre l'inconfort temporaire de dire la vérité que de me sentir coupable de quoi que ce soit. Je pense que c'est étroitement lié à ma force de responsabilité dont je t'ai parlé dans le chapitre précédent.

Je me souviens d'une erreur que j'ai faite et qui, à l'époque, me semblait épouvantable. Avec le recul, je réalise que ce n'était pas si grave que ça.

J'utilisais Outlook pour gérer mes courriels et ceux de mes clients. Ce jour-là, je devais envoyer une facture de coaching au client d'une de mes clientes. Ce client s'appelait Bruno (nom fictif) et j'avais dans mes contacts un autre Bruno, qui était un de mes clients potentiels. En plus, leurs noms de famille avaient la même dernière syllabe.

Tu dois sans doute imaginer l'erreur que j'ai faite. J'ai envoyé la facture au client potentiel parce que les adresses se complétaient automatiquement et que je n'avais pas vu que le nom de famille était différent. Si tu penses que ce n'est pas grave, il faut savoir qu'à cette époque, certains clients ne voulaient pas que ça se sache qu'ils ont un coach. Je me sentais tellement mal.

J'ai envoyé un courriel au client potentiel lui disant qu'il avait reçu la facture par erreur et que ce n'était pas dans mes habitudes. J'ai aussi averti ma cliente et le client qui devait recevoir la facture en leur disant comment j'allais faire pour que ça ne se reproduise plus.

Quand tu commettras une erreur, et c'est certain que tu en feras plus d'une dans ta carrière d'entrepreneure, sois honnête.

Dis-le à la personne concernée et corrige-la, si possible. Si c'est trop tard, assure-toi de mettre en place un système pour que ça ne se reproduise plus.

Fiabilité

Est-ce que tes bottines suivent tes babines? Fais-tu ce que tu dis?

La fiabilité, ou le sens des responsabilités, c'est être digne de confiance. C'est important pour tes clients parce que ceux-ci choisissent des fournisseurs qu'ils connaissent, apprécient et en qui ils ont confiance.

Il en va de même pour tes partenaires.

Ici aussi, ma force de responsabilité entre en jeu.

Si pour une raison ou une autre, je ne peux pas aller au bout de mes engagements, je me mets automatiquement à chercher comment compenser cet impair. Ce n'est pas assez de simplement présenter mes excuses. C'est pour ça que mes clients sont confiants de me conférer d'importantes responsabilités, parce qu'ils savent qu'ils peuvent compter sur moi.

Je dois cependant faire attention à rester sélective lorsque je décide d'aider quelqu'un, car ma bonne volonté et mon empressement à me porter volontaire peuvent me conduire à accepter plus que ce que mes épaules peuvent supporter.

Bien sûr, tu n'as pas besoin d'un niveau de responsabilité aussi intense que le mien, mais assure-toi de pouvoir livrer sur tes promesses. Il vaut parfois mieux promettre moins pour être en mesure de livrer davantage.

Qu'est-ce qui arrive si on ne livre pas sur nos promesses?

Imagine la confiance d'un client comme un beau vase en porcelaine. C'est précieux et fragile, ça peut briser facilement.

Chaque fois que tu ne fais pas ce que tu as promis de faire, c'est comme si tu donnais un coup sur le vase. Certaines choses sont de moindre importance et n'ont qu'un faible impact, alors que d'autres peuvent causer de grosses fissures ou carrément briser la confiance. Il est alors très difficile de recoller les morceaux et de rétablir la confiance par la suite.

Liberté

Cette valeur se trouve probablement parmi ton top 5 aussi.

C'est souvent ce qu'on recherche quand on se lance comme entrepreneur. Tellement, que j'en ai parlé dans les besoins.

La liberté que je veux n'a rien à voir avec le fait de prendre ma retraite sur un voilier ou sur une plage.

Voici ce que représente cette liberté pour moi :

Je suis libre de travailler quand je veux.

Je peux me permettre de prendre congé quand je le veux, sans avoir à prévoir longtemps d'avance et trouver une remplaçante.

Je suis libre de prendre du temps pour mes clientes et celles qui songent à travailler avec moi.

J'ai libéré mon horaire pour me consacrer uniquement aux clientes que j'accompagne, qu'elles soient adjointes virtuelles ou autrices. Je suis disponible et accessible pour elles, parce que c'est important pour moi.

J'ai atteint un sentiment de plénitude.

Hey que ça m'a pris du temps à trouver le mot pour décrire comment je me sens. D'ailleurs, c'est lors d'un weekend en camping que j'ai eu le flash que « c'est en plein ça ».

Je m'accepte et je m'aime, telle que je suis. J'ai fini de vouloir répondre aux standards des autres, et qui ne correspondent pas à mes valeurs.

J'aime et j'accepte les autres, de plus en plus. Nul n'est parfait, et la plupart des gens agissent avec les meilleures intentions. Je n'essaie pas de les changer.

J'accepte ce qui est parce que j'ai créé la plus grande partie de ce qui m'entoure.

Je change ce que je n'aime pas. Je modifie d'ailleurs présentement mon environnement pour l'aimer encore plus.

J'apprécie. Je suis en état quasi-constant de gratitude. Je suis reconnaissante d'être en santé, d'avoir le privilège de travailler dans ma zone de génie, de vivre dans un quartier paisible avec un homme qui m'aime depuis plus de 23 ans, et d'avoir un endroit où me retirer les weekends.

Et toi? Quelles sont tes valeurs fondamentales? Va faire l'exercice dans les bonus.[5]

---

[5] https://danielleguerin.com/solopreneuse-bonus/

Si quelqu'un te dit que c'est impossible, il te raconte sa propre histoire.

Où tu vas comme ça?

Même quand on décide de partir sur un « Nowhere », on choisit une direction à prendre pour commencer.

Tu vas faire la même chose dans ton entreprise.

J'ai toujours des objectifs à atteindre. J'aime le sentiment qui vient avec l'atteinte d'un but que je me suis fixé et ça me motive à sortir de ma zone de confort.

Pourquoi c'est important de savoir se fixer des objectifs?

Se fixer des objectifs permet avant tout de définir ce que l'on veut atteindre, mais ça va t'apporter aussi de nombreux bénéfices.

Accroître la confiance.

Un des grands avantages des objectifs est une amélioration de la confiance. Tout le monde sait que d'avoir confiance en soi permet de nous amener à traverser les différents niveaux, sans trop nous soucier du résultat final.

Chaque objectif atteint te permet d'acquérir plus d'expérience et donc de confiance. La raison pour laquelle tu gagnes de la confiance à chaque but atteint est que tu peux visualiser les résultats réels grâce à ta liste ou à ton journal des objectifs.

Penser avec précision.

En fixant des objectifs, tes pensées et tes décisions seront plus alignées. Tu ne seras plus confuse par les actions à entreprendre, puisque tes objectifs écrits seront le point de ralliement de ta vie, à partir de maintenant.

Plutôt que de démarrer plusieurs projets que tu ne parviendrais pas à mener à terme, tes objectifs te permettront d'agir sur des domaines spécifiques qui te rapprocheront du résultat que tu veux atteindre.

Gérer son temps

Établir des objectifs te permet de gérer ton temps. Naturellement, tes priorités sont fondées sur tes prochains objectifs. Tant que tu t'engages envers ces objectifs et que tu réalises leur niveau d'importance, tu seras certainement en mesure d'adapter ton temps en fonction de ta liste de priorités.

L'établissement d'objectifs peut-être un processus intéressant, mais te fixes-tu des objectifs trop faciles? Trop difficiles?

Des objectifs trop faciles te garderont dans ta zone de confort et ne contribuent pas à la croissance de ton entreprise.

Des objectifs trop difficiles te décourageront, et te feront peut-être renoncer à ton rêve.

Planifier la façon d'atteindre tes objectifs ne nécessite pas beaucoup de temps, mais c'est une partie nécessaire du processus. Sinon, tu te demanderas chaque matin ce que tu es censée faire et tu n'avanceras pas.

Voici une façon de catégoriser tes objectifs afin que tu sois toujours mise au défi :

1. Petits objectifs.

Ce sont des objectifs que tu peux atteindre facilement avec juste un peu d'effort supplémentaire, comme l'ajout de 5-10 nouveaux abonnés, chaque semaine.

Les petits objectifs devraient toujours augmenter, mais ne devraient pas être difficiles, au point de te stresser.

Ces objectifs devraient être les plus faciles à atteindre afin que tu ressentes un certain accomplissement à la fin du mois, par exemple.

2. Objectifs moyens.

Ce sont les objectifs qui te font sortir de ta zone de confort. Rester dans ta zone de confort ne conduira pas à la croissance; au lieu de cela, tu feras du « sur place » et ne verras aucun changement dans ton entreprise.

Un objectif moyen pourrait être la planification d'entrevues podcast avec d'autres entrepreneurs.

Non seulement tu aurais la pratique de dire ton message, mais tu serais exposée à un tout nouveau public, ce qui pourrait conduire à de nouveaux abonnés, de nouveaux contacts sur les médias sociaux, et de nouveaux clients.

3. Grands objectifs.

Ce sont les rêves qui peuvent sembler hors de portée. Rappelle-toi, hors de portée ne veut pas nécessairement dire impossible.

Décompose ces objectifs en étapes plus petites, comme des objectifs mensuels, hebdomadaires ou quotidiens.

Ces grands objectifs peuvent prendre des années à atteindre, mais tu y arriveras si tu y travailles tous les jours.

Tout simplement, travailler tous les jours sans avoir d'objectifs concrets à l'esprit, c'est comme regarder un chien courir après sa queue : il tourne en rond, et ne va nulle part.

Si tu es satisfaite de gérer ton entreprise comme un passe-temps, alors ne te fixes pas d'objectifs et continues à faire ce que tu as toujours fait.

Toutefois, si tu veux plus dans ta vie et ton entreprise, réserve un peu de temps pour fixer des objectifs et les prioriser.

Décompose-les en étapes réalisables et réévalue-les à la fin du mois. S'ils doivent être retravaillés, fais-le; si tu as atteint tes objectifs, continue à faire ce que tu fais ou rends-les un peu plus difficiles.

Atteindre des objectifs difficiles ne fait pas seulement croître ton entreprise, mais contribue à augmenter ta confiance en toi. Atteins assez de ces objectifs difficiles, et tu te sentiras invincible.

Tes objectifs peuvent être grands, mais ils n'ont pas à être écrasants!

Un conseil de plus : pense comme une entrepreneure et visualise où tu veux voir ton entreprise dans un an.

Quels objectifs sont nécessaires pour que cela se produise?

Quelles mesures dois-tu prendre chaque jour pour faire de ces objectifs une réalité?

Rien n'est coulé dans le béton. Tu as le droit de changer d'idée si ça ne fait plus ton affaire.

- Danielle Guérin

Tu n'es pas de la crème glacée

J'adore cette citation qu'on attribue à Steve Jobs : « *Si tu veux plaire à tout le monde, vends de la crème glacée.* »

Elle me fait penser à l'une des pires erreurs que je faisais quand j'ai démarré mon entreprise.

Je croyais que je pouvais servir TOUS les entrepreneurs qui avaient un surplus de travail et j'acceptais n'importe quel client qui voulait bien collaborer avec moi et qui était prêt à payer.

J'ai trouvé ça difficile la première fois que j'ai mis fin à une collaboration avec un client qui ne me traitait pas bien. Je n'avais jamais vécu quelque chose de semblable. Je pensais que c'était ma faute s'il n'était pas content, parce qu'on m'a longtemps répété que le client a toujours raison.

Heureusement, ma première cliente était là pour m'expliquer qu'il pouvait avoir tort et que je pouvais le laisser aller. C'est à ce moment que j'ai réalisé que ça se peut, un client non-idéal.

Malheureusement, ce ne serait pas le dernier car j'ai mis du temps à réaliser que mes services n'étaient pas pour tout le monde, que je n'étais pas l'adjointe virtuelle, puis plus tard la coach, de tous les entrepreneurs.

Aussitôt que j'ai défini mon créneau et le type de personne avec qui j'avais envie de collaborer, les recommandations ont commencé à rentrer. Les gens savaient enfin avec qui je travaillais! Et moi j'éprouvais du plaisir à servir mes clients.

D'ailleurs, ça me fait penser à cette citation d'une de mes anciennes clientes, Marcelle della Faille « *Cibler ma clientèle, c'est m'aimer tellement que je me donne le droit de choisir avec qui je danse.* »

Plus tu précises avec qui tu travailles et sur quoi, plus les clients sont capables de dire « C'est moi! » et les sources de référence seront capables de reconnaître tes clients potentiels.

Quand tu connais ton qui, ton quoi et ton comment, tu peux commencer à chercher ces groupes de gens qui y correspondent. Ton marketing devient plus facile, parce que tu sais qui tu veux comme client et comment tu peux l'aider.

Te spécialiser ne fera pas peur aux autres clients! Ils vont simplement demander « travailles-tu aussi avec des gens comme moi? »

Plus tard, malgré une clientèle-cible claire, j'ai continué à vouloir plaire à tout le monde dans mes publications sur les réseaux sociaux et dans mon infolettre. Je me sentais tellement mal quand on me critiquait. C'est simple, je déteste commettre des erreurs, me tromper, et qu'on me le souligne.

Je commence tout juste à mettre un peu plus de moi dans mes publications et je suis surprise de voir à quel point elles suscitent de belles réactions. Il y aura toujours des gens à qui ça ne plaira pas, et c'est OK. Ce ne sont probablement pas des clients idéaux pour moi, de toute façon.

Je t'invite à faire la même chose. Plus tu montreras ta personnalité, plus tu attireras les bonnes personnes.

Attention! Tu devras quand même réfléchir à ton client idéal. Et ce, à plusieurs occasions.

Quand tu voudras créer ton image de marque, ton graphiste va te demander qui est ta clientèle idéale.

Quand tu voudras travailler avec une copywriter pour rédiger une page de vente, elle va te demander à qui s'adresse le produit que tu veux vendre.

Quand tu voudras écrire un livre, tu devras penser à ton lectorat idéal.

Tu vois, on ne s'en sort pas.

Peux-tu résumer en 1 ou 2 phrases avec qui tu travailles, sur quoi et comment?

Est-ce que tes amis et partenaires sont capables d'expliquer avec qui tu travailles, sur quoi et comment?

Ne laisse pas la peur

prendre les décisions à ta place.

De quoi t'as peur?

Je suis une peureuse.

Oh, je ne parle pas de phobies comme celles des araignées, des hauteurs…

Je parle plutôt de la crainte, l'insécurité, le doute… peu importe comment tu l'appelles, cette émotion qui consiste à appréhender l'issue d'une situation et qui te bloque peut-être dans l'atteinte du succès que tu souhaites, et que tu mérites.

Je me suis privée de faire tellement de choses à cause de la peur. Heureusement, ça a changé, à force de passer à l'action. Je ne te les raconterai pas toutes ici, car j'ai écrit un livre sur le sujet[6] que tu peux te procurer, si ça t'intéresse.

Peut-être que tu te reconnaîtras dans ces quelques situations où tes peurs peuvent t'empêcher de réussir.

La peur de la critique

Le client te demande une réunion. Selon ton expérience, tu pourrais te mettre à imaginer toutes

---

[6] Chanceuse! Créer sa chance en surmontant ses peurs https://danielleguerin.com/chanceuse-creer-sa-chance-en-surmontant-ses-peurs/

sortes de scénarios, passant des reproches à la perte dudit client.

Si tu sais que tu as tout fait comme il faut, tu n'as rien à craindre. Si tu sais que tu as commis une erreur et que c'est de cela que le client veut discuter, prépare-toi à dire au client comment tu vas éviter que ça se produise de nouveau.

Et si cette réunion était une occasion pour toi de faire des suggestions à ton client qui te donneront plus de travail, et donc plus d'heures à facturer pour des tâches que tu aimes? Et si cette réunion était simplement pour faire un suivi, se mettre à jour et te remercier pour ton bon travail? Il est important de garder contact, surtout parce qu'on ne travaille pas dans le même bureau que nos clients.

La peur qu'on te remplace

Est-ce qu'il t'arrive de te priver de vacances et de pauses bien méritées? Que tu penses... « Et si je reviens et que les clients n'ont plus besoin de moi? »

Si tu sers bien tes clients et que tu les as prévenus de ton absence, ils seront encore là à ton retour.

J'ai aussi remarqué une autre occasion où cette peur est présente. Tu es entrepreneure de services (adjointe virtuelle, par exemple) et le client te demande d'écrire toutes les tâches que tu effectues pour lui et d'en rédiger les procédures.

Bien qu'il te dise clairement qu'il va te payer le temps consacré à ce projet, tu hésites et reportes à plus tard cette tâche, car tu te dis, consciemment ou non : « Si je lui rédige les procédures, il n'aura plus besoin de moi. Il pourra simplement donner les procédures à la nouvelle personne pour qu'elle le fasse ».

J'ai longtemps souligné l'importance de créer des systèmes et d'avoir des procédures écrites, parce que ces systèmes et procédures font gagner du temps.

Par exemple, le fait d'avoir un script lorsque tu fais des appels régulièrement te permet de dire tout ce que tu as à dire, sans rien oublier. Tu auras l'air plus professionnelle.

Je sais, tu as cette information dans ta tête, mais si tu étais moins en forme une journée et que l'oubli d'une information particulière causait l'annulation d'un rendez-vous important pour un client, lui faisant perdre une vente? Penses-y!

Pourquoi réinventer la roue à chaque fois? Et si tu crains d'être trop efficace et d'avoir moins d'heures à facturer, c'est peut-être le temps de penser à offrir des forfaits plutôt que de facturer à l'heure.

Il vaut mieux avoir plusieurs clients très satisfaits que quelques clients qui trouvent que ça te prend du temps pour faire une tâche ou l'autre…

Je te parlerai d'argent dans un prochain chapitre.

La peur de ne pas être à la hauteur (syndrome de l'imposteur)

Tu ne factures pas assez ou tu n'offres pas de services haut de gamme comme de la consultation, parce que tu ne crois pas que tu le mérites.

Pense à tout le temps que tu as mis pour apprendre, à l'argent investi dans des formations et surtout, au résultat que le client obtiendra. Ça vaut sûrement plus que tu ne crois!

La peur d'échouer

Plusieurs d'entre nous avons peur de nous lancer avant d'en savoir assez. Mais qu'est-ce qui est suffisant? Comment sauras-tu que tu y es arrivée?

Les clients n'engagent pas de gros cerveaux, ils engagent des êtres humains. Avec Internet et les livres sur tous les sujets, les gens ne font pas affaire avec toi pour tes connaissances, ils te choisissent souvent pour la relation et tes compétences.

Les clients se foutent de ce que tu sais, tant qu'ils ne sentent pas à quel point tu tiens à eux. Si tu ne connais pas quelque chose, tu trouveras.

C'est normal de craindre de se planter. Tu auras beau lire tous les livres, suivre des dizaines de formations, la peur sera toujours là. On ne s'en défait jamais.

D'ailleurs, le courage, c'est agir malgré la peur.

Si tu sors de ta zone de confort, tu ressentiras de la peur et du doute. Parfait! Ça fait partie du processus — ressens-le et continue!

Nous sommes entrepreneures, des situations stressantes et inquiétantes peuvent survenir souvent. Un client ne veut plus travailler avec nous. Nos revenus ont baissé. Les demandes de services se font plus rares…

Le stress et la peur peuvent même modifier notre perception de ce qui est réel ou non. Voici une courte liste de techniques qui peuvent t'aider à avoir une meilleure perspective de la situation dans les moments de stress ou d'anxiété[7].

Lorsque tu commences à te sentir anxieuse, cesse ton activité, et fais quelque chose pour te détendre.

---

[7] Si ton anxiété prend toute la place, qu'elle t'empêche de fonctionner, consulte un professionnel.

Respire profondément, et essaie de trouver quelque chose à faire qui te changera les idées. Ça peut être de sortir prendre l'air, écouter de la musique, ou faire une activité complètement différente que ce qui te stressait, pour te donner une autre perspective de la situation.

Rappelle-toi que les pensées de peurs sont souvent exagérées et peuvent aggraver le problème. Une bonne façon de gérer ta peur est de modifier tes pensées de peur en te posant des questions qui t'aideront à rester objective.

Lorsque nous nous sentons submergées par la peur et l'anxiété, plusieurs pensées inquiétantes nous envahissent. Rappelle-toi que ces pensées sont exagérées et ne sont pas basées sur la réalité.

J'ai appris que c'est souvent la peur derrière les pensées qui nous montent la tête. Ignore la peur derrière ces pensées, et l'inquiétude devrait diminuer.

Souviens-toi aussi que tu ne changes rien en t'inquiétant. Ce qui doit arriver arrivera, et j'ai réalisé que ce que je craignais arrivait rarement, en fait. Au lieu de t'inquiéter de quelque chose qui n'arrivera peut-être jamais, concentre-toi sur ce que tu peux faire. Le reste, laisse-le entre les mains de l'Univers (ou de Dieu, selon tes croyances).

J'ai appris avec le temps qu'il n'est pas facile de gérer toutes nos peurs. Lorsque les peurs et l'anxiété prennent le dessus, essaie de te calmer, le temps de rassembler les faits sur la situation. La clé est de vraiment prendre le temps qu'il faut. Fais de ton mieux chaque jour, anticipe le meilleur de chaque situation, et lorsque quelque chose arrive, procède une étape à la fois, et la situation se réglera.

Pour réussir, le désir de changement doit surpasser la peur.

Quelles situations te font ressentir de la peur et du doute?

As-tu un réseau de soutien avec qui tu peux parler?

Y a-t-il quelque chose que tu attends de connaître avant de t'engager pleinement dans ton entreprise?

Que peux-tu faire en ce moment, même si tu n'as pas encore toutes les connaissances?

Est-ce que ton entreprise est basée sur l'information ou sur les relations?

Que peux-tu offrir en ce moment?

Rien n'est coulé dans le béton

Tu as le droit de changer d'idée.

Par exemple, le nom de ton entreprise n'est pas coulé dans le béton. Après tout, tu n'es certainement pas encore une marque multinationale qui génère des milliards.

Ta communauté va te suivre. D'ailleurs, la plupart du temps, les gens vont chercher ton nom avant celui de ton entreprise.

Heureusement, car je serais coincée avec un nom d'entreprise que je n'aime vraiment pas.

Si tu savais comme j'ai regretté le nom que j'avais choisi en 2003. VADG pour ***Votre assistante Danielle Guérin***. Lorsqu'on lit ça, sans nommer chacune des lettres, ça sonne comme le raccourci de « vagin ». Il a fallu que j'entende quelqu'un le dire pour que le déclic se fasse. J'ai ensuite vérifié sur Google pour me rendre compte qu'en anglais, c'était aussi le sens qu'on y donnait.

Aujourd'hui, j'opère avec mon nom, celui de l'Académie des adjointes virtuelles et le RPSAV, soit des noms distincts pour chacune de mes entreprises.

Ta liste de services n'est pas coulée dans le béton. Non, mais, imagines-tu être obligée de faire des tâches que tu détestes pendant des années, peut-être même des décennies?

Si tu n'aimes pas une certaine tâche que tu proposes à tes clients, tu as le droit de la retirer de ta liste de services ou encore, de trouver une collègue qui pourra la faire en sous-traitance.

C'est ce que j'ai fait en 2009 quand j'ai cessé de proposer la tenue de livres. Ça faisait neuf ans que j'offrais ce service, et j'en avais assez. Je venais aussi de découvrir les réseaux sociaux et le marketing Internet, et je voulais me concentrer sur cette gamme de services que je croyais plus payante. Mais je facturais encore à l'heure…

En 2018, je décide de ne plus faire de sites Internet, même si je connais très bien WordPress et le commerce en ligne, et que c'est assez payant.

Aujourd'hui, je collabore avec mes clients qui veulent s'autopublier en faisant la mise en page et la mise en ligne de leurs livres. Ça rejoint mes passions du moment.

Est-ce que je vais faire ça pendant plusieurs années encore, je ne crois pas. D'ailleurs, j'ai déjà commencé à former d'autres adjointes virtuelles des auteurs et autrices[8].

---

[8] Deviens AV des auteurs et autrices :
https://academiedesadjointes.com/av-des-auteurs-et-autrices/

Tes tarifs ne sont pas coulés dans le béton. Tu peux les augmenter, tu peux aussi décider de ne plus charger à l'heure mais plutôt de créer des forfaits.

En 2010, j'ai décidé de ne proposer que des forfaits et de cesser de minuter et justifier tout mon temps facturable. J'ai eu à faire quelques ajustements avant de trouver la façon qui nous convenait à mes clients et moi.

Je ris aujourd'hui quand je me rappelle avoir dit à ma cliente « Ce forfait est le Club Med des services d'assistance virtuelle ». C'était mon plus gros forfait et je ne m'attendais pas à ce que la cliente me prenne au mot et s'organise pour en avoir pour son argent. J'étais débordée et épuisée.

Quand j'ai voulu ajuster mes prix, la cliente a choisi de trouver quelqu'un qui chargeait plusieurs fois moins que moi. Après une courte période de découragement, j'ai classé cette expérience dans mes leçons et décidé d'augmenter mes forfaits en précisant ce que chacun contenait.

Quelques mois après, je commençais à collaborer avec deux clients idéaux, dont une coach avec qui j'ai travaillé pendant plus de huit ans.

N'aie pas peur de faire des ajustements dans ta façon de procéder. Ton entreprise peut évoluer avec toi, selon tes goûts et tes intérêts. Ceux que ça intéresse te suivront. Parole de femme qui a changé très souvent de nom, de services, d'horaire, en 20 ans.

Qu'est-ce que tu tolères en ce moment et que tu voudrais changer?

Wô les moteurs

Il y a quand même des limites, et ce sont les tiennes.

Je suis une « people pleaser » en rémission. Je ne compte plus les fois où j'ai fait passer les désirs d'un client (ou ce que je croyais qu'on attendait de moi) avant mes besoins. Il a fallu que je m'épuise pour me rendre compte que ça n'avait aucun sens.

Tu le sais maintenant qu'on ne peut pas plaire à tout le monde et qu'une des premières limites à mettre en place est de choisir les clients qui te conviennent.

Avec le temps, ça deviendra facile de dire non aux clients qui ne te conviennent pas.

Cependant, il faut aussi faire respecter ses limites avec les bons clients.

Négliger tes limites peut avoir un impact négatif sur ta santé physique et mentale, tout comme sur ton entreprise.

Pendant de longues périodes, j'ai travaillé des soirs et des weekends alors que mon corps me criait qu'il avait besoin de repos. Je me suis privée de vacances parce que je pensais que je devais être présente TOUT LE TEMPS pour mes clients, que j'étais indispensable.

Le fait d'ignorer tes limites peut :

- Créer de l'anxiété
- Diminuer ta confiance en toi
- Augmenter ton syndrome de l'imposteur
- Affecter ceux qui t'entourent et dépendent de toi

Ne sois pas trop dure avec toi-même si en ce moment tes limites ne sont pas respectées à 100 %. C'est normal, surtout chez celles d'entre nous qui avons tendance à vouloir sauver le monde.

Il faut tout de même savoir mettre ses limites, et ne pas céder son pouvoir ou prendre celui de l'autre.

Mais avant de parler de solutions, voyons comment se reflètent les jeux de pouvoir dans une entreprise de service.

Tu cèdes ton pouvoir quand :

- Tu réduis tes tarifs pour avoir le mandat.

- Tu acceptes l'horaire déterminé par le client.

- Tu acceptes des projets qui ne t'intéressent pas.

- Tu crées des programmes ou des forfaits pour répondre aux besoins du client au lieu de respecter les forfaits que tu as créés à l'image de ton entreprise et de ton service.

Sais-tu qu'en agissant de la sorte, tu endosses le rôle du sauveur et fais endosser celui de victime à ton client?

Reprenons les quatre points cités plus haut, en endossant le rôle de sauveur :

• Pauvre client, il a besoin de moi et je veux rendre mon service accessible financièrement. Erreur!!! Redonne le pouvoir à ton client en lui expliquant la valeur de tes services et comment il pourra augmenter ses revenus s'il rentabilise bien son investissement, par exemple.

• Mon client est tellement débordé, il a besoin de moi le soir et les weekends. Je DOIS être disponible. NON! Redonne le pouvoir à ton client en lui montrant l'exemple de l'entrepreneure qui prend du temps pour elle et sa famille, qui est organisée, et qui est prévoyante… Les bons clients apprécieront.

• Mon client est mal pris. Si je ne fais pas ce projet, il ne pourra pas avancer vers ses objectifs. Au lieu d'accepter ce projet ennuyant ou non-rentable, recommande les services d'une collègue ou d'un autre fournisseur qui aime ce type de travail.

• Le client veut travailler avec moi. Je dois me rendre accessible, alors je vais lui créer un forfait sur mesure, et plus abordable.

Cette erreur je l'ai faite encore récemment, et j'en ai payé le prix en stress parce que le forfait sur mesure s'est vu enrichi d'autres demandes qui n'étaient pas prévues, au départ.

J'ai donné beaucoup d'énergie à ce client qui aurait continué à demander si je n'avais pas simplement mis fin à mon mandat.

Les clients sont des entrepreneurs comme nous, qui exercent des responsabilités et qui doivent se responsabiliser. Sortir du jeu de la victime et du sauveur vous rendra tous les deux plus heureux, au bout du compte.

Vois tes clients potentiels et actuels comme les êtres humains merveilleux qu'ils sont, sans tenter de les sauver ou de les changer.

Certains paraîtront moins merveilleux. Laisse-les partir. Ils trouveront la personne qui leur convient, ce qui laissera de la place pour que de meilleurs clients arrivent.

Rappelle-toi… tu es la patronne de ton entreprise.

Sois honnête au sujet de ce que tu ne veux pas.

C'est aussi important que de savoir ce qu'on veut dans la vie. Créer l'équilibre commence en étant honnête avec soi-même et en acceptant les clients, les projets et les tâches qui t'apportent de la joie, pas du stress et de la frustration.

Commence par placer des limites avec toi-même.

Une des façons les plus simples de mettre des limites dans ton entreprise est de commencer par établir ton horaire de travail. Attention, c'est pour toi, pas juste pour tes clients.

Nous ne sommes pas toutes faites pour du 9 à 5. D'ailleurs, pour plusieurs personnes, la liberté d'horaire est une des principales raisons de quitter son emploi.

Et ça non plus, ce ne sera pas coulé dans le béton. Tu pourras faire des ajustements autant de fois que tu voudras, jusqu'à ce que tu trouves le rythme qui te convient.

C'est OK de dire non

À quand remonte la dernière fois où tu as dit non à :

- Un échéancier irréaliste?
- Un client avec lequel tu n'étais pas intéressée à travailler?
- Un client régulier avec lequel tu n'avais plus envie de travailler?
- Un surplus de travail?
- Un projet pour lequel tu n'avais pas les compétences?

Soyons franches, c'est très fréquent chez les entrepreneurs de service — nous voulons tellement aider les gens — même si cela nous met dans une mauvaise posture.

Lorsqu'on continue à dire oui à tout et à tous, nous nuisons aux autres et à nous-mêmes.

Je t'invite à transformer la négativité du mot « non » en quelque chose de positif.

Comment?

Penses-y... Lorsque tu dis oui à chaque requête, chaque client, à tout... tu te retrouves à travailler tout le temps, tu es déçue de ne pas avoir respecté tes limites, tu te surmènes et éventuellement, tu commences à remettre en question ton choix de te lancer en affaires.

En plus, tu commences à commettre des erreurs et tes clients le remarquent... ils sont de moins en moins satisfaits, pensent que tu ne te soucies plus des détails ni de leur entreprise, etc.

Et si tu disais « non » quand c'est nécessaire, au lieu de dire oui à tout?

Voici ce qui pourrait arriver...

Tu dis non à une requête ou un échéancier irréaliste >> tu fais respecter tes limites, le client commence à réaliser et à comprendre qu'il ne peut plus faire ce type de requête, et il comprend ce que tu peux faire ou non.

Tu dis non à un client potentiel qui n'est pas pour toi en te fiant à ton ressenti >> tu évites des situations difficiles avec ce client, et, en disant non, tu peux le formuler de cette façon « Je ne suis pas la meilleure personne pour vous aider — vous seriez mieux avec quelqu'un qui pourra vraiment vous apporter les résultats que vous souhaitez ».

Au début, tu auras peut-être de la difficulté à bien « entendre » ton ressenti lors d'une première conversation. Je me souviens de quelques fois où j'ai dit oui un peu trop rapidement pour ensuite le regretter, après avoir mis fin à la rencontre.

Avec le temps, j'ai appris à reconnaître mes drapeaux rouges, les signaux qui m'indiquent que ce n'est pas une cliente pour moi, et je l'exprime immédiatement. Le temps de la cliente potentielle est aussi important que le mien.

Lorsque tu dis non à un client régulier avec lequel tu sens que tu ne peux (ou ne veux) plus travailler >> tu lui permets de travailler avec quelqu'un qui pourra mieux le servir.

Alors, la prochaine fois que tu te sentiras mal à propos d'une situation, avant de dire oui, écoute ton instinct et décide si cette situation est véritablement un « oui » ou un « non » pour toi.

Ça sera un défi au début, mais avec le temps, ce sera de plus en plus facile et tu sauras aisément faire respecter tes limites. Sache aussi que non est une réponse complète, et que tu n'as pas à te justifier, ni à fournir de multiples raisons, contraintes, etc.

Un simple non, avec une solution de rechange ou une référence vers ton réseau ou vers une collègue, ça suffit!

Rappelle-toi que tu es une professionnelle et que les gens viennent à toi pour ton expertise. Redresse-toi, sois confiante et formule des attentes claires et précises.

Au cours des prochains jours, je t'invite à observer comment tu te sens dans certaines situations.

Commence à dire « non » quand tu sens que ce n'est pas un « oui, absolument! ».

Dans quelle situation as-tu le plus de difficulté à dire non?

Ménage tes batteries

Quand je vais au chalet, je vérifie mes messages une dernière fois et je mets mon téléphone en mode avion dès qu'on arrive au dernier endroit où il y a du réseau. C'est la meilleure façon pour moi de ménager ma batterie car autrement, mon téléphone dépense de l'énergie inutile à chercher à se connecter.

Comme ça, je peux filmer, prendre des photos si j'en ai envie, et m'assurer de pouvoir l'utiliser quand je retournerai dans une zone avec réseau, sans devoir le recharger.

C'est aussi important de ménager tes batteries physiques et mentales. C'est pour ça que c'est nécessaire de prendre régulièrement du recul.

Que l'on soit entrepreneure, employée ou même gestionnaire du bonheur familial (mon terme pour les mamans à la maison), à toujours prendre soin des autres, c'est important de prendre du temps pour soi, de temps en temps.

Ce temps d'arrêt peut être plus ou moins long, selon nos besoins et nos choix. Il demeure nécessaire car après un certain temps, sans congé, la **productivité** et l'**énergie** baissent.

J'ai l'habitude de prendre des vacances durant l'été, durant les fêtes de fin d'année, au printemps et à l'automne. Ces congés sont planifiés dans mon calendrier un an d'avance!

Ça peut sembler beaucoup pour certaines. Je pensais la même chose, il y a quelques années. Nous nous croyons souvent indispensables alors que nos clients, notre famille, peuvent bien se débrouiller sans nous pour quelques jours.

J'ai appris avec le temps, que pour être une entrepreneure efficace, j'ai besoin de ces moments d'arrêt pour me ressourcer et pour faire le vide. Je m'offre régulièrement une semaine de réflexion où je travaille surtout SUR mon entreprise. Je m'accorde également des périodes de repos, pour lire ou pour regarder quelques épisodes d'une série télévisée, en rafale.

Ce temps me fait un bien énorme! Les nombreuses idées que j'ai eues pour mes clientes en sont la preuve, et ce sont des idées qui me sont venues, sans que la cliente ne me demande de solutionner un problème quelconque.

J'étais assez alerte pour voir les opportunités et pour partager mes idées avec mes clientes.

À mon retour, au lieu d'être simplement en mode « réaction », je suis « proactive ».

Je t'invite à observer ton comportement et comment tu te sens vis-à-vis des situations. Penses-tu un coup ou deux en avance ou as-tu l'impression de subir les situations? Si tu sens que tu n'as plus ou pas de contrôle, c'est peut-être le temps de t'arrêter pour mieux repartir.

Si c'est vraiment, mais VRAIMENT impossible de prendre quelques jours de congé, pourquoi ne pas prendre quelques heures pour toi, pour aller te faire masser ou pour te prélasser dans les bains nordiques, par exemple? Il y a sûrement un spa tout près de chez toi. Ce moment juste pour toi, loin du bureau te fera du bien physiquement et mentalement.

Et si tu n'en as pas les moyens, parce que les finances, les enfants… demande à chéri·e de s'occuper des enfants — à l'extérieur de la maison, pendant quelques heures, le temps que tu te fasses un petit spa maison. Tu vois, il n'y a aucune excuse pour ne pas prendre soin de toi. Après, tu pourras mieux prendre soin des autres.

Peut-être que tu n'es pas du genre spa et massage, et c'est bien correct. Tu peux juste faire une sieste ou lire un bon livre si c'est de ça que tu as besoin.

Alors, ta mission, si tu choisis de l'accepter, est de bloquer du temps juste pour toi dans la prochaine semaine.

Et quand ce sera fait, écris-moi. Il n'y a rien comme une bonne dose d'imputabilité!

La peur est une difficulté à court terme.

L'amour est une solution à long terme.

- Veronica de Andres

Lâche pas la patate

Il paraît que les entreprises qui passent le cap des 5 ans sont rares. Au moment de lancer ce livre, mon entreprise a 20 ans.

Ça n'a pas toujours été facile.

Qu'on soit en affaires depuis quelques mois ou plusieurs années, il nous arrive à toutes de vivre ce que j'appelle un « creux de vague » où la confiance est en baisse. Ça peut être causé par le départ d'un client, une baisse de revenus, ou encore quelques consultations qui n'aboutissent pas en contrat.

Quand ça m'arrive, je dis en blaguant que j'aurais le goût d'aller travailler chez McDo. Une amie disait qu'elle serait prête à aller compter les trombones dans les boîtes de 100 tellement ça semble sans stress… ☺

J'ai vécu tout ce que j'ai mentionné plus haut, et bien plus. Voici quelques événements qui m'ont assez marquée pour que je te les raconte :

En 2006, j'ai engagé ma première employée. Je me trouvais tellement hot! Comme si c'était un symbole de réussite. Malheureusement, je n'avais pas écouté mon intuition, car cette personne n'avait pas les compétences nécessaires pour m'épauler. Aussi, je n'avais pas assez de travail à déléguer pour justifier un poste à temps plein, ce dont elle avait besoin. Je suis donc revenue au modèle de sous-traitance, où je pouvais donner le surplus de travail à une collègue, au besoin. C'est encore comme ça que je préfère travailler.

En 2009, j'ai laissé aller une de mes premières clientes, parce que je sentais qu'elle ne me faisait plus confiance. Sans entrer dans les détails, disons que le climat était devenu malsain, principalement à cause de ses peurs.

Elle m'a accusée injustement d'avoir volé ses secrets d'entreprise pour les donner à une autre de mes clientes. Tu te rappelles, ma valeur d'honnêteté et d'intégrité que j'ai mentionnée dans un autre chapitre? Disons qu'elle a été ébranlée. Je ne pouvais pas concevoir qu'on ait pensé ça de moi, et ne pouvais vivre dans un tel climat de méfiance.

Cette diminution de mes revenus a fait en sorte que j'ai accepté un poste à temps partiel chez un client. J'y suis restée quelques mois, mais j'ai vite réalisé que je n'étais plus faite pour être employée dans un bureau.

J'ai aussi fait plusieurs rencontres qui n'ont pas abouti en contrat au cours de mes 20 ans en affaires. Parfois j'étais soulagée, d'autres fois, j'étais déçue.

J'ai remarqué que la baisse de confiance qui suivait ces événements cachait souvent une peur :

peur de ne pas être à la hauteur, peur du rejet. Cette peur mine notre confiance et nous fait douter de nos décisions. Et j'ai douté… de moi, de mes services, de mes produits.

J'utilise maintenant quelques stratégies toutes simples pour m'aider à passer au travers et me remonter le moral. Choisis celles qui t'attirent et mets-les en place, dès maintenant.

• Le pot ou le journal de gratitude : j'ai dans mon bureau un pot de gratitude dans lequel je mets des bouts de papier sur lesquels j'écris les bonnes nouvelles, et les belles choses qui m'arrivent. Je vide mon pot chaque année pour relire toutes les belles choses qui sont arrivées. Ça peut aussi être un joli cahier dans lequel tu notes ces choses qui te remplissent de reconnaissance.

• Le dossier de succès : j'ai créé un dossier dans mes courriels où je place tous les beaux messages et témoignages que j'ai reçus. Dans le cadre d'un de ses défis de visibilité, une coach suggérait d'imprimer ces messages et d'en faire un dossier auquel on peut se référer régulièrement, quand on a besoin d'un « boost ». Je trouve que c'est une excellente idée, car ça nous donne quelque chose de tangible à regarder, lire et même juste tenir dans nos mains.

• Comment veux-tu te sentir après la consultation avec ton client potentiel? Visualise-toi pendant et après, et ressens déjà les sentiments que tu souhaites ressentir. J'utilise souvent la visualisation et je suis toujours fascinée par les résultats.

• Rejoins un réseau d'affaires et partage avec tes collègues. Plusieurs auront des conseils judicieux à partager. Le pot de gratitude est une idée qui a été mentionnée, il y a de cela plusieurs années, dans le groupe du RPSAV, le réseau des adjointes virtuelles.

• Travaille avec un coach ou un mentor. Ton coach/mentor pourra t'offrir le soutien et les stratégies pour surmonter les creux de vagues et diminuer leur fréquence. Je te raconterai plus loin comment les coachs qui m'ont accompagnée m'ont aidée.

Watch ton cash

Non, je ne te dirai pas comment protéger ton argent des voleurs et des fraudeurs, ou encore te conseiller d'être avare.

Ton argent, celui que tu as et celui que tu veux faire, mérite que tu y portes attention.

Trop souvent, quand on se lance en affaires, on établit son tarif en se basant sur son dernier salaire, sans tenir compte de certaines réalités particulières aux entrepreneurs.

Je me permets de te les rappeler :

Tu assumeras toutes les charges, la part de l'employé et la part de l'employeur. Par exemple, au Québec, tu devras payer la Régie des rentes du Québec, en plus des impôts fédéraux et provinciaux, pour n'en nommer que quelques-unes. Tu dois donc mettre de côté un pourcentage de tes revenus en prévision de ces charges.

Tu ne veux pas te retrouver, comme moi, à pleurer en sortant du bureau du comptable parce que tu dois payer plusieurs milliers de dollars et que tu n'avais pas prévu le coup.

Tes vacances et tes congés de maladie ne seront pas payés. Épargne aussi un pourcentage de tes revenus pour te permettre des pauses sans stress.

Tu devras fournir ton propre matériel et payer pour te former et ajouter à tes compétences. Tu ne peux pas dépendre indéfiniment des contenus gratuits.

Tu devras prévoir un coussin financier pour parer aux imprévus. Pendant l'écriture de ce livre, j'ai dû remplacer l'écran de mon ordinateur et faire réparer la laveuse à linge. Heureusement, j'avais les fonds pour ce genre de situation, mais ça n'a pas toujours été le cas.

Ce n'est pas tout le temps que tu travailles qui sera payé.

Les consultations avec les nouveaux clients. Tu ne seras pas payée pour discuter avec les clients potentiels, tu dois donc considérer ceci dans ton tarif.

Facturer, classer, faire la tenue de livres. Il y aura beaucoup de temps où tu travailleras « sur » ton entreprise, et tu ne pourras pas facturer ce temps.

Le temps que tu passes à promouvoir ton entreprise. Tu ne seras pas payée pour écrire ton blogue ou ton infolettre, ou pour publier sur les réseaux sociaux.

Quand j'ai lancé mon entreprise en 2002, je chargeais 20$ de l'heure. Pour moi, c'était énorme car je venais de quitter un emploi à 12$ de l'heure.

J'ai vite réalisé que ce n'était pas suffisant pour couvrir toutes les charges en plus de mes dépenses d'entreprise. Pour combler le manque, je devais facturer beaucoup plus d'heures que lorsque j'étais employée. J'ai graduellement augmenté mes tarifs jusqu'en 2012 où je chargeais 47$ de l'heure, avant de passer aux forfaits.

Fais un peu de recherche. Vois combien chargent tes compétiteurs mais ne t'arrête pas qu'à cela, car ceux qui affichent leur prix sont souvent beaucoup moins chers que le marché. Vois plutôt ce qu'ils offrent pour ce prix.

Plus tu as d'expérience ou si tu vises une niche pointue, plus tu peux demander un tarif élevé.

La valeur perçue est aussi importante que le tarif que tu charges. Assure-toi de communiquer la valeur de tes services.

Valorise-toi. Es-tu passionnée par les résultats que tu apportes à tes clients?

Comment veux-tu qu'un client soit prêt à payer pour tes produits et services, si toi-même tu ne les valorises pas?

Ce que tu apportes comme expérience a déjà beaucoup de valeur, mais si ça peut te rassurer, il est aussi facile d'ajouter de la valeur, sans augmenter ta charge de travail.

Comment? Tu as peut-être à ta disposition :

- Des outils (modèles, gabarits) que tu as créés et que tu pourrais partager si la situation de ton client s'y prête.

- Des contenus que tu peux ajouter.

- Un système de bienvenue qui fait en sorte que le client se sent important et compris.

Qu'est-ce que tu as, qui existe déjà ou qui ne te demanderait pas trop de travail et que tu pourrais ajouter pour tes clients?

Connais tes chiffres

La comptabilité est une grande source de stress pour de nombreux entrepreneurs, et plusieurs l'évitent complètement. Ce qu'on ne sait pas ne fait pas mal, n'est-ce pas?

Tu peux bien sûr déléguer la tenue de livres et la comptabilité, mais tu dois connaître tes chiffres pour pouvoir prendre les bonnes décisions pour ton entreprise. Un bon logiciel comptable te permettra de générer les principaux rapports.

Voyons ensemble quelques chiffres de base pour t'aider dans l'évolution de ton entreprise.

Tes rentrées, ton revenu

Il s'agit ici de tout ce que tu vends, que ce soient tes produits ou tes services. Ça te permet aussi de voir s'il y a des comptes en souffrance ou des factures que tu aurais « oublié » d'envoyer.

Tes dépenses

C'est ici que la plupart des entrepreneures font l'autruche. Elles dépensent tant qu'il y a de l'argent dans le compte ou de la place sur la carte de crédit.

J'avais tendance à acheter beaucoup trop de petites formations. Pourtant, mon ordinateur était rempli de formations que je n'avais pas encore pris le temps de compléter. Maintenant, je n'achète que les formations ou le coaching lorsque je sais que je pourrai mettre en application le contenu et avoir un retour rapide de mon investissement.

Je t'invite à sortir régulièrement ton rapport de dépenses. Si tu n'as pas de logiciel qui te génère un rapport facilement, tu peux prendre tes relevés de comptes et noter tes dépenses dans un fichier Excel, par exemple.

Tu pourras ensuite évaluer si ces dépenses sont nécessaires et même chercher comment les réduire, si c'est possible. Je te donne des trucs pour colmater les fuites financières dans les bonus[9].

Le jeu de l'argent

Il y a un jeu que j'aime jouer quand je planifie mon année, c'est le jeu de l'argent. Je ne me

---

[9] https://danielleguerin.com/solopreneuse-bonus/

souviens plus quel coach l'a proposé en premier, mais voici comment je joue : dans Excel, je prépare un tableau qui comprend quatre colonnes et qui me permet de m'amuser à calculer le nombre de produits/services que je dois vendre pour atteindre mon objectif annuel :

Nom du produit/service

Prix à l'unité du produit

Quantité du produit

Total

Par exemple, si mon objectif annuel est de 100 000$ et que je vends des programmes à 500$, je sais que je dois en vendre 200 dans l'année pour atteindre mon objectif. C'est beaucoup, mais faisable!

Si j'ai différents produits/services et des sources de revenu passif, il m'est alors beaucoup plus facile d'atteindre mon objectif.

Je m'amuse donc à faire différentes combinaisons.

Je fais aussi le suivi à intervalles réguliers durant l'année, pour voir si j'approche de mon objectif ou si je dois faire quelques ajustements dans mon plan de promotion.

Ce tableau se trouve aussi sur la page des bonus que j'ai préparés pour toi.

La méthode « Les profits en premiers »

Depuis quelques années, j'applique les principes enseignés dans le livre Profit First de Michael Michalowicz[10].

La plupart d'entre nous avons appris à établir notre budget de la façon suivante :

Revenus moins dépenses = profit

On a été éduqués à épargner ce qui reste après les dépenses. On se dit « s'il en reste, alors je le mettrai dans mon compte d'épargne, pour la retraite ou pour m'offrir une belle récompense. »

Malheureusement, c'est très rare qu'il reste quelque chose avec cette méthode.

Dans son livre, Michael nous montre un tout autre calcul :

Revenus moins profit = dépenses

Avec cette méthode, les achats et dépenses sont déterminés à partir de ce qui reste après avoir placé un pourcentage dans son compte d'épargne, pour les taxes et pour son « salaire ». Autrement dit, la part de l'entrepreneur.

---

[10] Profit First: Transform Your Business from a Cash-Eating Monster to a Money-Making Machine de Michael Michalowicz https://amzn.to/3udP4n9

C'est ainsi que j'ai pu rembourser quelques dettes importantes.

Attention, on ne prend pas les chiffres au hasard. Il faut connaître ses chiffres pour connaître les différents pourcentages. J'ai un compte pour chaque catégorie : revenus, profit (épargne), taxes, ma part, et les dépenses. Tangerine me permet de le faire aisément.

Souviens-toi que les problèmes financiers grandissent quand on les ignore.

D'autres points à retenir

Ça prend 2 à 5x plus de temps démarrer une entreprise que ce que tu as prévu. C'est pour ça que plusieurs personnes conseillent d'avoir quelques mois d'épargne.

Tu auras probablement à dépenser plus que ce que tu gagnes dans la première année. C'est normal si tu veux te former pour diminuer ta courbe d'apprentissage et si tu veux avoir les bons outils (logiciels, applications, etc.).

Les défis financiers sont un des plus grands stresseurs pour une nouvelle solopreneuse (et sa famille!) C'est pour ça qu'il est important d'en discuter, de travailler sur tes croyances par rapport à l'argent, si tu sens que ça bloque, par moment.

Si tu as des problèmes financiers, ça peut aussi affecter d'autres aspects de ton entreprise et de ta vie personnelle. Il peut parfois être nécessaire de consolider ses dettes ou même de faire appel à un syndic de faillite. Il n'y a pas de mal à vouloir mettre de l'ordre dans ses finances.

Sais-tu quelles sont tes dépenses actuelles?

As-tu une idée de ce que seront tes dépenses pour ton entreprise?

As-tu des réserves/épargnes? Combien de mois peux-tu couvrir avec tes réserves?

Es-tu prête à utiliser ton épargne pour couvrir tes dépenses ou préfères-tu trouver un autre moyen?

Connais-tu ton niveau de tolérance au risque? Es-tu confortable avec le risque financier de démarrer une entreprise? Comment peux-tu diminuer le risque?

Peux-tu trouver un emploi à temps partiel pendant que tu fais grandir ton entreprise?

Tarification :
Comment détermines-tu tes tarifs? Fais-tu le saut quand quelqu'un te dit que ton tarif est trop élevé? Que fais-tu? Le baisses-tu? Cherches-tu un autre client qui est prêt à payer ton tarif?

Parce que tu es ton produit, tes tarifs sont une réflexion directe de la valeur que tu penses apporter. **Que disent tes tarifs à tes clients?**

Je sais, c'est beaucoup de questions, mais l'argent, c'est le nerf de la guerre quand on est en affaires.

Trouve-toi un bon comptable

Il n'est jamais trop tôt — ou trop tard — pour se trouver un bon comptable. Quelqu'un qui a des lettres (CPA) à la fin de son nom et qui te chargera un tarif juste. Il saura te conseiller judicieusement.

J'ai eu à changer de comptable à quelques reprises et la dernière fois, ça été parce que l'entreprise avec laquelle je faisais affaires a été rachetée par une grande bannière et le prix pour les services dont j'avais besoin était trop élevé pour la valeur que j'obtenais en retour.

Mon comptable actuel me charge un tarif raisonnable et me sert d'intermédiaire lorsque l'une ou l'autre des agences de revenu (Québec ou Canada) a des questions. La paix d'esprit, ça a une valeur inestimable.

Au secours!

J'ai mis longtemps à reconnaître que demander de l'aide n'est pas un signe de faiblesse.

Adolescente, ma mère me reprochait d'être trop indépendante. Je voulais faire les choses par moi-même. Je suis encore comme ça dans certaines sphères de ma vie.

Avec le temps, j'ai appris aussi à m'entourer de personnes compétentes.

Crois-moi, j'ai essayé de faire les choses toute seule et c'est lorsque j'ai consulté d'autres personnes qui étaient passées par là que j'ai pu démêler le tout. Parce que nous sommes attachées émotivement à notre propre entreprise, c'est souvent difficile de voir clairement quelles sont les prochaines étapes et opportunités.

Travailler avec des coachs m'a aidée à surmonter les embûches et à propulser mon entreprise beaucoup plus rapidement que si je l'avais fait toute seule.

Sur qui peux-tu compter?

Au cours de ta vie d'entrepreneur, tu vivras toutes sortes de situations : la maladie d'un enfant, d'un conjoint, d'un parent ou de toi-même, le décès d'un proche, une séparation ou un divorce, un surplus de travail, un conflit avec un client, etc. Tu trouveras alors précieux de pouvoir compter sur quelqu'un pour t'encourager ou pour t'offrir une aide concrète.

Que tu travailles sur un projet pour un client ou pour toi-même, c'est bon de savoir qu'il y a quelqu'un au bout du fil ou à un clic de souris qui soit prêt à t'aider.

Il n'y a pas que les coachs qui peuvent t'aider. Tes collègues, ceux qu'on voit souvent comme des compétiteurs, peuvent aussi t'aider. D'ailleurs, je me souviens très bien d'une occasion où j'ai fait appel à ma collègue Marie-Renée, parce que j'avais besoin de quelqu'un de fiable pendant que je guérissais d'une laryngite.

Je devais faire des appels de suivi pour un de mes clients et comme je n'avais plus de voix, j'ai dû trouver quelqu'un pour le faire. Marie-Renée était disponible et elle a pu faire les appels à ma place.

Ose demander de l'aide à tes collègues, amis et membres de ta famille. Plusieurs d'entre eux n'attendent que ça, avoir le privilège de t'aider.

Les groupes d'entrepreneurs sur Facebook sont un bon endroit pour te bâtir un réseau de soutien, car ils ont pour but d'encourager la collaboration entre les membres.

Que ce soit parce que tu cherches le meilleur logiciel ou la meilleure application pour une tâche précise, ou parce que tu vis une situation difficile avec un de tes clients, tu peux poser tes questions au groupe et recevoir une réponse assez rapidement.

Avant de joindre un groupe, note ce que tu recherches.

Quel genre de groupe cherches-tu?

Quel est ton objectif pour ce groupe?

Comment pourras-tu contribuer? Parce que la collaboration n'est pas à sens unique.

Peu importe les erreurs que tu fais ou la lenteur à laquelle tu progresses, tu es déjà bien en avance de ceux et celles qui n'essaient même pas.

Tes lauriers vont faner

J'ai rapidement compris que je devais m'adapter et évoluer pour survivre. Si j'étais restée assise sur mes lauriers, me fiant uniquement sur le fait que j'étais la première adjointe virtuelle, tu ne lirais pas ce livre sur mes apprentissages des 20 dernières années. Je serais probablement salariée, quelque part, à regretter de ne pas avoir agi à temps.

Le signe dont j'avais besoin pour ne plus m'assoir sur mes lauriers a été un choc. C'est la première fois qu'on m'a copiée et c'est celle qui a fait le plus mal.

Je m'en souviens encore, même si c'était en 2006.

Quelque mois avant les événements, j'avais discuté avec une femme au sujet de mon accompagnement pour le démarrage de son entreprise d'adjointe virtuelle. Elle n'a pas donné suite, mais a plutôt choisi de demander à son mari de se faire passer pour un client potentiel et de copier le contenu de mon site.

J'ai réalisé ce qui s'était passé quand j'ai vu que le numéro de téléphone utilisé par son complice était le même que celui affiché sur son site. J'étais dévastée.

J'ai vécu ma période de découragement face à cette situation, et puis, j'ai décidé ce jour-là que quiconque me copierait serait toujours derrière moi. Que ma solution était d'innover, de créer du nouveau, rapidement, tant dans mon contenu que mes processus.

Il m'arrive encore d'être copiée.

Certaines reprennent mes publications et les réutilisent en changeant un mot ici et là. Internet, c'est un petit monde. Tout se sait, rapidement.

Puis, il y aura toujours des gens pour proposer quelque chose de semblable à ce qu'on offre. C'est pour ça que c'est important de trouver ce qui nous rend uniques et de le montrer dans nos publications, sur notre site, partout où nos clients potentiels peuvent le voir.

Une autre façon que j'ai trouvée pour réussir, c'est de rester à l'affût des tendances, de suivre des formations pour sans cesse m'améliorer.

Je suis la preuve vivante qu'on n'a pas fini d'apprendre.

J'en ai suivi des formations, ici et là. J'ai eu plusieurs coachs et mentores qui m'ont accompagnée et guidée dans mon entreprise, au fil des années. Et j'investis quelques milliers de dollars par année pour me former et me faire coacher.

Ce serait tellement facile de m'assoir sur mes lauriers, chaussée de mes pantoufles confortables, et attendre d'avoir « besoin » d'apprendre du nouveau.

Je continue d'affûter mes compétences entrepreneuriales, et ce sont mes client·es qui en profitent.

Quand tu regardes ton entreprise et tes processus, où sens-tu que ça accroche et que tu pourrais t'améliorer?

Quelle nouvelle compétence pourrais-tu aller chercher pour apporter encore plus de valeur à tes clients?

La procrastination est quelque chose qu'il vaut mieux remettre à demain.

- Gerald Vaughan

Récompense-toi

Tu as sûrement entendu parler du principe de la carotte et du bâton, soit la reconnaissance et la conséquence.

C'est quelque chose qu'on remarque davantage lorsqu'on est employée.

Heureusement, plusieurs gestionnaires ont compris que la reconnaissance, autrement dit la carotte, est plus efficace que le bâton.

Qu'en est-il lorsque nous sommes notre propre patron?

Il faut reconnaître nos efforts et nous récompenser nous-mêmes.

J'ai commencé très tôt à instaurer cette habitude dans mon entreprise. Quand j'ai démarré mon entreprise en 2002, j'avais des amis qui doutaient beaucoup de la viabilité de mon projet.

« Penses-tu vraiment en vivre? »

« Qu'est-ce que tu vas faire si ça ne marche pas? »

Avec le recul, je comprends qu'ils ne faisaient que me refléter leurs peurs.

Pour faire taire une amie en particulier, je lui ai dit. « Je suis tellement certaine de réussir que lorsque j'aurai facturé 1 500$ pour un mois (je chargeais 20$ l'heure à l'époque, ce qui représentait 75 heures facturées), je m'offrirai une bouteille de porto, un fromage fin, et des chocolats de la meilleure chocolaterie en ville. »

Aujourd'hui, ça semble bien peu, mais à l'époque, crois-moi, c'était du luxe pour moi que de m'offrir tout ça.

Eh bien, deux mois plus tard, j'annonçais à mon amie que nous nous étions régalés de porto, fromage et chocolats fins, car j'avais dépassé mon objectif. Elle n'a plus jamais exprimé de doutes quant à mon choix de devenir entrepreneure, et j'avais bien établi en moi ma confiance de pouvoir réussir.

Après avoir pris le temps de célébrer, je me suis fixé un nouvel objectif, avec une nouvelle récompense, et je continue encore à le faire aujourd'hui, car ça me motive à persévérer.

Lorsque tu atteindras un objectif, prends le temps de célébrer et de récompenser tes efforts. Tu peux commencer par te donner un objectif à atteindre dans les deux prochains mois, et à déterminer la récompense que tu vas t'offrir. Pendant que tu progresses vers ton objectif, visualise le plaisir que tu auras à l'atteindre et à t'offrir cette récompense.

Le fait de t'arrêter pour célébrer une réussite nourrit ton sentiment de fierté qui te servira de moteur. Ta fierté te permettra de surmonter plus facilement le découragement et le syndrome de l'imposteur qui pourraient se présenter.

Tiens, je te propose ici de dresser la liste de tous tes accomplissements, petits et grands, jusqu'à maintenant.

Je t'invite aussi à prendre l'habitude de les noter dans ton cahier de gratitude. On a tendance à noter ce qui nous arrive, mais tes réalisations méritent aussi d'être documentées.

Cela semble toujours impossible jusqu'à ce qu'on le fasse.

- Nelson Mandela

Muscle ta patience

Cette leçon-là est moins évidente et je pense que j'ai fini par l'intégrer cette année, avec la construction de notre mini-chalet.

J'avais sous-estimé le temps que ça prendrait. Je me fiais à ce que je voyais sur YouTube et je pensais que « nous aussi, on est capable de construire un mini-chalet en 10 jours ».

Ha ha! Quelle belle naïveté.

Je n'avais pas prévu que pendant les deux semaines que nous voulions consacrer à ce projet, il y aurait trois jours de pluie, deux jours de rendez-vous médicaux nécessitant que je revienne en ville (rien de grave), le fait qu'on fait tout à deux, qu'on est des amateurs… et que je ne vaux pas grand-chose en termes de force physique et de compétences en construction. Nous avions tout à apprendre, et ça, ça demande du temps.

J'ai donc ajusté mes attentes et je vis bien avec le fait que ce ne sera probablement pas fini avant quelques mois, parce qu'on n'y va que les weekends et que pour bien faire les choses et ne pas avoir à recommencer, nous devons prendre le temps nécessaire.

C'est pareil pour ton entreprise.

Ça demande de la réflexion et du temps pour créer son image de marque.

Ça prend du temps pour bâtir une entreprise et une clientèle fidèle.

Tu auras à faire plusieurs publications sur les réseaux sociaux avant qu'on te remarque.

Ça prend des semaines pour lancer un nouveau produit et le vendre.

Ça prend des mois pour se bâtir une communauté.

Mais n'attends pas trop

Fais attention de ne pas tomber dans le perfectionnisme.

Tu connais le dicton « Vaut mieux fait que parfait »?

Beaucoup d'entrepreneurs prennent trop de temps à réfléchir avant de passer à l'action et s'étonnent que d'autres réussissent, alors qu'ils sont au même endroit, après plusieurs mois.

Tout n'a pas besoin d'être parfaitement en place pour te lancer.

J'ai lancé des produits et fait des ventes avec le premier jet d'une page de vente.

J'ai vendu des formations avant d'avoir créé le premier module, parce que je voulais m'assurer qu'il y avait un intérêt avant de mettre du temps sur le contenu.

Tu peux créer une version d'essai ou bêta de ton produit que tu vendras un peu moins cher, en échange de feedback des participants. Tu pourras ensuite agir selon les commentaires et vendre ton produit amélioré encore plus cher.

Qu'est-ce que tu n'as pas encore fait, parce que tu attends?

Quelle serait la plus petite action que tu pourrais faire vers ton objectif?

*Fais aujourd'hui ce que les autres
ne feront pas, pour avoir demain
ce que les autres n'auront pas.*

- Auteur inconnu

Ça passe donc bien vite?

Pour une entrepreneure, il y a souvent trop d'idées, de tâches et de projets, et pas assez de temps et de ressources. Nous, les entrepreneures sommes des personnes créatives, et nous avons souvent de nouvelles idées qui surgissent de partout!

Je ne connais personne qui ne souffre pas d'un manque de temps, à certains moments. Nous avons des vies actives, et lorsque nous avons une entreprise, nous sommes doublement occupés.

Plusieurs de mes clientes me disent qu'elles se sentent accablées par la gestion de leur entreprise, et tout ce que ça implique.

Que tu viennes tout juste de lancer ton entreprise, ou que tu sois en affaires depuis 20 ans, il y a plusieurs choses à gérer lorsque tu es entrepreneure. Tu n'es pas seule à te sentir comme ça, et il y a des raisons qui font que tu te sentes accablée :

- Essayer de plaire à tous
- Essayer de focaliser sur plusieurs choses à la fois
- Être trop optimiste et sous-estimer le temps réel que prend une tâche
- Ajouter trop de rendez-vous ou projets à ton calendrier hebdomadaire

- Ne pas dire « non » aux personnes et aux projets

As-tu remarqué que toutes ces choses sont des CHOIX que tu as faits? Chaque fois que tu choisis d'en faire trop, tu choisis de te sentir débordée, accablée. Tu as le contrôle.

Tu as le contrôle de ton agenda. Tu as le contrôle des projets qui sont prioritaires.

Tu contrôles tes pensées au sujet de ton entreprise.

Tu es aussi maître de décider de répondre au téléphone, ou non.

Tu as le pouvoir.

Imagine ce que tu pourrais faire avec une heure de plus par jour…

- Développer un nouveau produit
- Écrire un livre
- Faire de l'exercice
- Suivre une formation pour apprendre une nouvelle compétence
- T'occuper davantage de ta présence en ligne
- Passer plus de temps avec ta famille et tes amis
- Avoir plus de temps pour t'amuser

Dès mes débuts comme entrepreneure, j'ai compris que je suis beaucoup plus efficace lorsque je regroupe les tâches similaires ensemble. La raison est simple, le fait de faire quelque chose de similaire sollicite les mêmes parties de mon cerveau.

Par exemple, lorsque je préparais le montage des infolettres de tous mes clients en même temps, j'utilisais les mêmes outils ou logiciels, et la procédure était la même avec très peu de variantes, selon les clients.

Dans mon horaire actuel, j'ai un bloc de temps que je réserve pour les rencontres clients et des blocs de temps sans interruption pour me concentrer sur la rédaction et les tâches plus techniques. J'ai aussi des moments précis pour lire et répondre à mes courriels, et gérer les réseaux sociaux.

Je prévois également un bloc de temps « personnel », le vendredi, où je place les rendez-vous pour ma santé physique et mon bien-être : médecin, massothérapie, acupuncture, coiffure, etc.

Maintenant, c'est à ton tour de regarder ton horaire et de voir comment tu pourrais le réorganiser en regroupant des tâches similaires afin de rester focalisée.

Quand modifier son horaire ne suffit pas

J'ai un plan à te proposer et que tu pourras mettre en application dès aujourd'hui, maintenant, pour t'aider à augmenter ta productivité, à réduire ton stress et à te permettre de cocher plusieurs items sur ta liste à la fin de la journée.

Voici ces trois étapes faciles :

Premièrement — Normalise.

Révise chaque tâche que tu fais régulièrement. Passe tout en revue — les demandes de services et les courriels auxquels tu réponds, les demandes que tu envoies pour différentes raisons, les contrats, la facturation, etc.

Maintenant, normalise tous ces items. Crée des modèles, des formulaires et des processus pour tout ce que tu peux afin que lorsque tu auras à exécuter une tâche particulière, ce soit aussi simple que de copier-coller ou de remplir un document existant plutôt que de réinventer la roue à chaque fois. Essaie de créer un document de référence avec les formules que tu utilises régulièrement dans tes messages. Quelle économie de temps!

Deuxièmement— Organise.

Prends du temps, quelques heures, un après-midi, peu importe le temps dont tu as besoin, pour mettre de l'ordre dans ton bureau ou ton espace de travail. Fais le ménage et organise ton espace afin que chaque chose soit à sa place et facilement accessible lorsque tu en auras besoin. Assure-toi également que ton équipement soit en bon état, en tout temps.

Rien n'est plus frustrant que de manquer de papier ou d'encre dans son imprimante quand on a besoin d'imprimer un document important; ou d'avoir un téléphone qui nous lâche une minute avant le début d'une réunion téléphonique, parce qu'on a oublié de le charger.

Te souviens-tu lorsqu'être multitâches était une bonne chose? Il semble, maintenant, que ce ne soit pas aussi efficace qu'on le croit. Ça peut être utile dans certaines situations, mais ça peut aussi te ralentir au cours d'une journée.

Combien de fois as-tu commencé un projet, puis tu voies un courriel entrer alors tu vérifies de quoi il s'agit? Et si c'est une requête qui demande peu de temps, tu réponds, et reviens à ton projet.

Quelques minutes plus tard, un statut Facebook ou une notification Instagram apparait, et tu arrêtes pour voir et répondre. OK, de retour au projet.

Et ce scénario se répète plusieurs fois dans la journée. Alors qu'arrive-t-il à la fin de la journée? Ton projet n'est pas encore terminé, et tu ne te rappelles pas ce que tu as fait pendant tout ce temps!

Enfin, la troisième étape — Priorise.

Note toutes les tâches et les projets que tu as pour chaque jour. Prévois du temps pour les médias sociaux, les courriels et les messages vocaux. Maintenant, priorise tes tâches dans ton horaire en prévoyant le temps que tu consacreras à chacune, et focalise sur une tâche à la fois jusqu'à ce qu'elle soit terminée.

Ne vérifie les réseaux sociaux, les courriels et la boîte vocale qu'au moment où tu l'as indiqué à l'horaire. Fais cette étape chaque matin pour bien lancer ta journée.

Il s'agit d'une nouvelle habitude à prendre, alors engage-toi à le faire jusqu'à ce que ça devienne ta façon habituelle de travailler. Si tu le fais, tu cocheras de plus en plus de tâches sur ta liste à la fin de la journée, et tu auras un sentiment d'accomplissement et de travail bien fait.

Qui connais-tu?

Même si j'ai choisi d'avoir une entreprise essentialiste, j'ai quand même une équipe autour de moi.

Tu connais le dicton : « Seul on va plus vite, ensemble on va plus loin. »

Même Batman avait Robin. Les grands de ce monde ont tous un « entourage » pour les appuyer dans leur entreprise ou leur art.

Bien s'entourer pour réussir ne veut pas nécessairement dire embaucher des employés, si ce n'est pas ce que tu souhaites.

Si tu essaies de tout faire toi-même, tu risques de trouver ça difficile, de te surmener. On se sent seule au sommet quand on n'a personne pour nous épauler et avec qui partager notre succès.

Même les plus introvertis d'entre nous ont besoin d'être bien entourés.

Heureusement pour toi, de plus en plus de groupes d'entraide se créent sur les réseaux sociaux. Et si tu en profites pleinement, tu seras fascinée à quel point tu peux aussi contribuer au succès des autres entrepreneurs de ton groupe.

Depuis mes débuts en affaires, je suis membre de réseaux de gens d'affaires. Pendant quelques années, j'en ai fréquenté deux assidûment — BNI et le Réfap — parce que chacun comblait des besoins différents chez moi et que j'obtenais des résultats dans ma vie personnelle et professionnelle.

Voici cinq des choses les plus importantes que j'ai apprises au cours de ces années de réseautage :

1. À chaque réseau, son réseauteur

Il faut bien choisir son réseau. Bien que l'objectif de développer des relations d'affaires soit le même, les membres diffèrent, la fréquence des rencontres et les thèmes varient. Est-ce que les membres qui fréquentent ce réseau font partie de ma clientèle-cible ou sont-ils en contact avec elle? Partagent-ils des intérêts et des valeurs qui ressemblent aux miens, ou les complètent? Est-ce que les activités proposées correspondent à mes intérêts? Est-ce que mon horaire me permet de devenir membre active de ce réseau?

2. Un certain effort est parfois nécessaire

Malgré mon appréciation des rencontres de BNI et celles du Réfap[11], il y a certains matins où j'aurais préféré rester couchée plutôt que de me lever à 5 h 30 pour aller à un petit-déjeuner de réseautage. Comme je suis une travailleuse acharnée, je trouvais également difficile de quitter mon bureau plus tôt pour assister à un 5 à 7 (apéro pour les lectrices

---

[11] RÉFAP : Réseau des femmes d'affaires et professionnelles de l'Outaouais (n'existe plus aujourd'hui)

européennes). Cependant, lorsque je montais dans ma voiture pour me rendre à la rencontre, mon enthousiasme revenait à l'idée que j'allais rencontrer des dizaines de gens d'affaires motivés qui ont fait l'effort, eux aussi, de se lever tôt ou de quitter leur entreprise pour quelques heures afin de participer à cette activité.

3. La constance est récompensée

Plusieurs coachs pour professionnels et entrepreneurs recommandaient de faire trois activités de développement des affaires par semaine. L'objectif était simple et accessible. Les gens ont tendance à aller dans des extrêmes, soit beaucoup d'activités de réseautage, ou rien du tout.

La règle de trois permet de bâtir une habitude constante à un rythme plus soutenable. De plus, elle permet également de cibler et de prioriser les activités de développement des affaires qui sont les plus pertinentes pour l'individu ou l'entreprise.

Par exemple, si tu reçois ou provoques cinq invitations au cours d'une semaine, tu peux tout d'abord vérifier quelles activités visent ta clientèle-cible, celles qui te procurent le plus de plaisir et celles qui te permettent de rester en phase avec ta charge de travail ou encore avec ta vie personnelle.

La clé est de bâtir une habitude qui restera (trois est un chiffre accessible et simple) et qui assurera un développement de longue haleine.

Attention! Une activité de développement des affaires ne signifie pas de participer à trois petits-déjeuners ou cocktails d'affaires chaque semaine. Ça peut être aussi simple qu'un café virtuel de 30 minutes avec quelqu'un rencontré lors d'une de ces activités.

4. Les meilleures relations d'affaires prennent du temps à se développer

À moins d'un coup de foudre, la plupart des relations interpersonnelles prennent du temps. C'est la même chose dans les relations d'affaires. Il faut mériter la confiance de l'autre avant d'obtenir une bonne recommandation. En plus d'être présent aux activités, les liens se tisseront mieux si nous effectuons un suivi de la rencontre.

Un courriel ou un appel pour remercier notre interlocuteur ou pour partager une information utile à la suite de la conversation que nous avons eue, démontre notre grande capacité d'écoute et un intérêt sincère.

Une invitation à une rencontre à l'extérieur du réseau vous permettra également de mieux vous connaître, mutuellement. C'est ce qu'on appelle, dans certains réseaux, une rencontre de déve-loppement des affaires. Ça fait donc partie des trois activités recommandées plus haut. ☺

5. Il faut parfois surmonter sa timidité pour obtenir des résultats

« Si j'avais grandi d'un pouce chaque fois que je suis sortie de ma zone de confort depuis que je suis en affaires, je mesurerais plus de 6 pieds (1,80 m) aujourd'hui, et vous devriez lever la tête pour me saluer ». C'est avec cette phrase que j'ai commencé mon discours lors de la présentation des candidates au Prix du Réfap, en janvier 2006.

C'est tellement vrai que sortir de sa zone de confort fait grandir. Mes bénéfices sont nombreux : je me suis fait de nouveaux amis, j'ai obtenu mon permis de conduire à 37 ans, j'ai aidé d'autres adjointes virtuelles à démarrer leur entreprise, j'ai plein de ressources et j'ai mérité le titre de Travailleuse Autonome de l'année deux fois, localement et au Québec!

Mes années de réseautage continuent de porter fruit. Même si je ne fais plus partie des deux réseaux que j'ai mentionnés, il arrive encore que des personnes rencontrées à l'époque lors des événements de ces groupes pensent à moi lorsque vient le temps de trouver une adjointe virtuelle. Je peux alors faire appel à mon réseau d'adjointes.

Trouve-toi un coach ou un mentor.

C'est une vérité connue maintenant que la plupart des gens qui réussissent ont un coach ou un mentor qui les ont guidés et les ont aidés à atteindre leurs objectifs.

J'ai toujours eu un coach ou un mentor pour m'accompagner dans certaines périodes importantes.

Je me suis fait coacher la première fois en 2004 pour obtenir mon permis de conduire, avec un coach en programmation neurolinguistique.

Ensuite, je me suis fait coacher lorsque j'ai soumis ma candidature pour le titre de Travailleuse Autonome 2006, et j'ai gagné.

Je me suis fait coacher en 2012, pour enfin assumer ma valeur et créer mes forfaits pour cesser de facturer à l'heure.

Par la suite, je me suis fait coacher dans les périodes de transition, quand je sentais que ça bloquait quelque part, que ce soit au niveau de mes croyances ou de mon état d'esprit.

Depuis quelques années, je me suis inscrite à des coachings de groupe. J'aime la synergie qui se crée entre nous et le soutien qu'on peut s'apporter, mutuellement.

Connaître son entourage

Fais-tu partie de ceux qui ont déjà une équipe virtuelle? Prends le temps d'apprendre à les connaître. Planifie des réunions et si possible, des rencontres en personne. Il n'y a rien qui surpasse les rencontres informelles pour tisser les liens dans une équipe.

Tu n'as pas à investir une fortune pour organiser une rencontre informelle. Ça peut-être aussi simple que de faire une rencontre virtuelle, juste pour discuter et faire plus ample connaissance, sans parler du travail.

Si les membres de ton équipe sont dans ta région, tu peux les rencontrer autour d'un bon repas.

Connaître ton monde s'applique aussi à tes clients. Est-ce que tu exécute simplement le travail ou bâtis-tu des relations avec tes clients? Ceci peut faire la différence entre un projet unique et une relation à long terme qui rapporte des contrats réguliers.

Pose des questions, apprends à les connaître, ce qui les préoccupe et quels sont leurs objectifs. J'ai des clients avec lesquels je travaille depuis plus de 10 ans et j'adore chaque minute passée sur leur projet.

J'ai appris à les connaître et pour les clients qui sont dans ma région, il nous arrive de nous rencontrer lors d'événements ou de provoquer les rencontres en allant prendre un café ou un repas au restaurant.

*La meilleure façon d'augmenter sa confiance
en soi est de faire ce qui nous effraie.*

M'entends-tu?

Sais-tu écouter l'autre, vraiment l'entendre sans penser à ce que tu pourras dire quand il aura terminé?

Trop souvent, surtout avec nos conjoints, nous pensons à notre réplique, au lieu de nous concentrer sur ce que l'autre nous dit.

Tais-toi et tais ton mental pendant que l'autre personne te parle.

Si tu es en présence de quelqu'un d'autre, dans un restaurant, par exemple, ferme ton téléphone et place-le à l'écart.

Si tu es en vidéoconférence avec quelqu'un, ferme les onglets et les notifications des réseaux sociaux.

Tu pourras les consulter après votre conversation. Ce que ton interlocuteur veut te partager est beaucoup plus important.

Écouter ses clients est un art qui s'apprend et qui peut être très payant.

Comme adjointe virtuelle, j'ai rapidement pris l'habitude de faire des rencontres ponctuelles avec mes clients pour discuter de leur entreprise, de leurs objectifs.

Souvent, j'entendais des opportunités de les aider encore plus, d'accélérer l'atteinte de leurs objectifs et je me retrouvais à tout coup avec de nouveaux projets qui viendraient augmenter mes revenus. C'est une situation gagnant-gagnant.

Demander du feedback

C'est important de demander de la rétroaction sur son travail. Ce n'est pas toujours facile, parce qu'on risque de ne pas aimer ce qu'on va entendre. Pourtant, c'est nécessaire si on veut s'améliorer.

Ce qu'il faut retenir, c'est que la rétroaction est sur le travail qu'on a fait. Ce n'est jamais personnel. C'est une occasion de nous améliorer.

Habituellement, quand je demande du feedback, je m'assure de m'enlever de l'équation.

Plutôt que de demander « comment trouves-tu mon travail sur… », je vais demander « est-ce que le document, la formation, répond à tes attentes? Qu'as-tu apprécié? Qu'aurais-tu aimé y retrouver? ».

Ainsi, les réponses que je recevrai seront spécifiques au contenu fourni et n'ont rien à voir avec moi, personnellement.

Je pourrai ensuite apporter les améliorations nécessaires.

Les témoignages

Demandes-tu des témoignages à tes clients? Si tu ne le fais pas, tu manques une belle opportunité. Le fait de demander à tes clients de te rédiger de courts témoignages et de les afficher sur ton site ajoutera à ta crédibilité.

Je l'avoue, j'ai longtemps eu la mauvaise habitude d'attendre de faire une mise à jour de mon site Internet pour demander des témoignages, et je devais parfois attendre longtemps pour que le client m'envoie son texte. Nos clients sont occupés, et ils oublient. S'ils ont fait appel à nos services, c'est souvent pour avoir plus de temps pour s'occuper d'autres choses.

J'ai donc pris l'habitude récemment de le demander à mes clients dès que je termine un projet, ou quand un client mensuel me complimente sur mon travail.

Pour les clients par projet, ma procédure est simple. Je demande le témoignage dans un courriel, immédiatement à la fin du projet.

Pour les clients réguliers qui après quelque temps me complimentent, je leur demande avec un grand sourire s'ils voudraient bien m'envoyer ça par écrit pour que je l'affiche sur mon site. Ils acceptent, à tout coup.

Pour t'aider, j'ai pensé partager avec toi ma formule. Tu as la permission de l'utiliser avec tes clients. Je te recommande de personnaliser le message et tes questions selon ton style personnel et tes services.

« Comme vous avez semblé très satisfait du travail que nous avons effectué pour…, j'aimerais beaucoup recevoir un témoignage de votre part que je mettrai sur mon site.

Pour vous aider, voici un aperçu de ce que j'aimerais que les gens sachent :

1. Votre situation initiale, votre besoin ou le problème pour lequel vous cherchiez une solution.

2. Je vous ai aidé à …

3. Quel résultat ou valeur avez-vous obtenu en travaillant avec moi?

Votre nom

Votre profession

Le lien que vous voulez que j'affiche. »

Une fois que tu as ces beaux témoignages, assure-toi de prendre le temps de les afficher sur ton site!

Quels sont les clients à qui tu pourrais demander du feedback ou des témoignages, dans les prochains jours?

Veilleuse ou phare?

Est-ce que tu as tendance à diminuer ton éclat pour ne pas déranger?

Lorsqu'on est habituée d'être dans l'ombre de quelqu'un et qu'un bon jour on décide de prendre la place qui nous revient, à être qui on est, ça peut déranger.

J'ai longtemps travaillé dans l'ombre de mes clients. C'est normal, j'étais leur adjointe virtuelle. C'est eux qui « étaient en scène ».

Puis, j'ai commencé à explorer ce qui me distingue, à briller à mon tour. Il y a une de mes clientes qui s'est sentie menacée, qui a eu l'impression de perdre sa place. Au début, c'est une réaction tout à fait justifiée.

Cependant, à être deux qui brillent à leur façon, n'est-ce pas plus lumineux?

Je ne voulais faire d'ombre à personne. Je voulais seulement pouvoir briller de tous mes feux, de tous mes atours, dans toute mon unicité. Pour ça, j'ai dû faire preuve de tact envers ma cliente qui se sentait un peu détrônée.

Quand je travaille dans ma lumière, j'obtiens de meilleurs résultats, et mes clients aussi.

Qu'est-ce que je veux dire par « travailler dans sa lumière »?

Je sais que je suis dans ma lumière quand je suis en paix, que je laisse parler mon cœur, et que j'ose laisser briller mon talent, sans toutefois tomber dans l'ego.

Lorsque je suis dans ma lumière, ça me permet, par exemple, d'aider une cliente à trouver des solutions afin qu'elle puisse prendre deux mois de vacances, en automatisant son marketing et ses ventes. Nous avons également trouvé comment elle pourra utiliser son système unique pour servir encore plus de gens, grâce à son talent, à sa lumière à elle.

Quand je suis dans ma lumière, c'est facile pour moi de rappeler à mes clientes quels sont leurs talents, et de les aider à faire taire la petite voix de la peur ou du syndrome de l'imposteur. Elles peuvent alors briller, à leur tour.

Parfois, la peur agit comme un écran devant la lumière. Elle nous empêche de voir ce qu'il y a de beau et de lumineux chez les autres, et chez soi. Elle nous pousse aussi à faire des choix qui ne sont pas nécessairement les meilleurs pour nous, pour notre entreprise, ou pour nos clients.

Je t'invite à prendre un moment pour décider comment tu pourrais briller davantage.

Qu'est-ce qui fait que certains entrepreneurs durent et progressent, alors que d'autres stagnent? Le leadership personnel.

Le leadership, c'est ce qui te permettra de faire des choix éclairés et d'être inspirante.

Tu sais ces gens qu'on regarde aller et qu'on envie un peu? Ce sont des leaders, et je suis certaine que si on leur demande, ces leaders ont des fondements personnels solides qui leur permettent de grandir et d'inspirer ceux qui les entourent.

Ils se sont développés, autant personnellement que professionnellement, et ils osent.

De grâce, ne diminue pas ta lumière au point d'être une petite veilleuse, sois un phare pour tes collègues et ceux qui te suivront.

C'est ce que j'ai choisi de faire et j'aimerais que nous soyons plusieurs leaders à illuminer le chemin.

Comment exprimes-tu ta brillance?

Les miracles se produisent quand tu mets

autant d'énergie dans tes rêves

que dans tes peurs.

- Auteur inconnu

Focus, ma puce

Tu l'as déjà entendu… ce sur quoi on focalise se réalise.

Soyons francs. Il est extrêmement facile de perdre le focus, surtout quand on est un entrepreneur qui a constamment de nouvelles idées.

C'est inné chez nous.

Je veux terminer le projet en cours, mais il y a tellement d'opportunités intéressantes qui se présentent, que je finis par mettre de côté plusieurs choses que j'ai commencées.

Il y a quelque temps, j'ai commencé à faire deux choses toutes simples qui m'aident à garder le focus et à contrôler *l'entrepreneur girouette* en moi.

Premièrement, quand j'ai une nouvelle idée, je l'écris avec la raison pour laquelle je pense que c'est une bonne idée (incluant les émotions et ressentis qui viennent avec) et je la mets dans ma boîte à idées, pour plus tard.

Ce n'est pas vraiment une boîte, mais un carnet de notes sur Evernote[12]. Je peux y accéder sur mon

---

[12] Application de prise de notes https://evernote.com

téléphone, ma tablette ou mon ordinateur. Je trouve ça tellement plus pratique!

La raison est simple, nous ne pouvons pas nous permettre de travailler sur quelque chose de nouveau, tant que nous n'avons pas fini ce que nous avons commencé, ou au moins atteint le moment où nous avons le temps de nous consacrer à quelque chose de nouveau.

Deuxièmement, je me souviens exactement de l'enthousiasme que j'avais au début à propos de ce projet sur lequel je travaille. Je l'ai certainement écrit quelque part, comme je l'ai mentionné plus tôt.

Tous les projets majeurs sur lesquels j'ai travaillé ont eu autant de creux que de hauts, et c'est ce que nous décidons de faire pendant ces creux qui déterminera si une idée aura du succès ou non.

Si nous nous rappelons à quel point nous étions enthousiastes lorsque nous avons commencé ce projet (aussi connu comme la phase lune de miel), nous pouvons continuer et nous sortir rapidement de ces périodes plus creuses.

Il m'est arrivé à moi aussi de vouloir lâcher pendant les premières années de mon entreprise, pendant la rédaction de mon livre, pour faire autre chose. Et pourtant, j'ai persévéré. J'en suis très fière aujourd'hui.

Ne perds pas de vue pourquoi tu fais ce que tu fais.

Continue, persévère et fais quelque chose de grand aujourd'hui qui t'aidera à atteindre tes objectifs avec ton entreprise, et dans la vie.

Quel projet as-tu commencé, mais que tu n'as pas encore terminé, même s'il te tient à cœur?

Quelle est la prochaine étape que tu pourrais faire pour faire avancer ce projet?

Qui connais-tu qui pourrais t'aider à y arriver?

Le courage, ce n'est pas de vivre sans peur.

Le courage, c'est d'avoir la peur de sa vie

et quand même faire la bonne chose.

- Chae Richardson

Me suis-tu?

Non, je ne te parlerai pas de réseaux sociaux, mais bien des suivis qu'on a tendance à négliger.

Dis-moi…

Lorsque tu fais une consultation initiale avec un client potentiel et que tu demandes au client quand il veut commencer, est-ce qu'il t'arrive d'entendre ce type de réponse?

- Je vais y penser;
- Pas maintenant;
- Est-ce que je peux vous rappeler?
- Je dois en parler à mon associé (ma femme, mon mari).

Quel système as-tu en place pour faire le suivi et en faire des clients payants?

C'est important d'avoir un système de suivi en place pour que tu puisses continuer à communiquer avec eux, et ainsi, lorsque ces personnes qui y pensent, hésitent ou sondent leur entourage seront prêts à devenir clients, tu seras la première personne à qui ils penseront.

Il m'est arrivé souvent qu'un client potentiel ne me dise pas un **Oui** immédiat. Ceux avec lesquels je restais en contact régulièrement, avec qui je faisais des suivis, sont devenus des clients lorsqu'ils étaient prêts à investir. Parfois, ce processus prend une semaine ou deux, parfois quelques semaines, ou même quelques mois.

Il est donc très important d'avoir un système en place pour garder contact avec tes clients potentiels et tes anciens clients.

Voici six stratégies pour mettre en place un système de suivi simplifié :

Choisis le système que tu utiliseras.

Il existe plusieurs systèmes de gestion de la relation client (CRM). J'en ai essayé plusieurs et pendant quelques années, ce qui fonctionnait le mieux pour moi était une combinaison de fichier Excel et de mon agenda. C'était facile pour moi de l'utiliser et de le mettre à jour. Trouve le système qui convient le mieux pour toi et ton entreprise.

Classe tes contacts par catégorie.

Chaque contact que tu ajoutes dans ta base de données doit appartenir à une catégorie afin que tu puisses facilement retrouver ce groupe de clients. Tu peux les classer en fonction d'où ils sont dans ton cycle de vente, et les changer de catégorie, selon leur évolution.

Crée des modèles de messages.

J'ai découvert avec les années que les modèles me permettent de sauver un temps fou! Utilise un système qui te permet de créer des modèles (« templates » ou gabarits). Les modèles peuvent être utilisés pour faire des suivis rapides. Le fait d'avoir des modèles prêts à utiliser simplifiera grandement tes suivis, puisqu'il suffit de les personnaliser selon le client à qui tu t'adresses.

Utilise le module de tâches de ton agenda.

En l'utilisant, tu ne risques pas d'oublier de faire tes suivis avec tes clients.

Fais des mises à jour.

Une fois que tu auras trouvé ton système de suivi, tu dois le consulter et le mettre à jour régulièrement afin d'en retirer tous les bénéfices. Choisis des moments dans ta semaine pour effectuer tes suivis, où tu communiqueras avec les clients et mettras à jour ton système.

Bâtis ta liste d'abonnés

Cette stratégie n'est pas aussi simple, mais je t'assure que c'est très efficace. C'est d'ailleurs la meilleure façon pour garder contact avec des gens pendant des mois, voire des années.

Avec un taux d'ouverture moyen de 30 % (c'est beaucoup plus que la portée des médias sociaux), tu peux informer ta communauté de tes nouveaux produits et services, partager de l'information et faire des ventes. En plus, cette liste t'appartient.

J'ai des abonnés qui se sont inscrits à mes programmes plusieurs mois après qu'ils aient joint ma liste.

Maintenant, tu as toutes les étapes en main pour créer ton système de suivi. Suis ces étapes et tu augmenteras ton nombre de clients et ta marge de profit!

Au fait… auprès de qui pourrais-tu faire un suivi dans les prochains jours?

Et après?

Aujourd'hui, ça fait 20 ans que je suis entrepreneure. Je suis fière du chemin parcouru et de tout ce que j'ai appris. J'ai hâte de voir ce que les prochaines années m'apporteront en apprentissages et expériences.

Je ne sais pas ce que l'avenir me réserve, mais je sais que j'ai envie de continuer à partager mon expérience avec des entrepreneures comme toi.

J'espère que mon histoire et les conseils que j'ai partagés t'aideront dans ta vie d'entrepreneure.

Écris-moi à danielle@danielleguerin.com, pour me donner de tes nouvelles.

Souviens-toi…

La seule personne responsable de ton succès, c'est toi.

Remerciements

Tu n'aurais pas ce livre entre les mains si ce n'était de la présence de plusieurs personnes importantes dans ma vie.

Merci à mes coachs et mentores qui m'ont constamment encouragée à sortir de ma zone de confort pour atteindre les objectifs que je mérite.

Merci à mes collègues entrepreneures qui me faites confiance en me partageant vos peurs et vos doutes durant et après le lancement de votre entreprise. Puissiez-vous trouver le courage de vous dire « Si elle a été capable, moi aussi je le suis. »

Mario, mon amour. Tu as été témoin de toutes mes aventures, à mes côtés durant ce tour de montagnes russes et, même si parfois mes décisions étaient très audacieuses, tu as toujours été « de mon bord ». Merci, elle est belle la vie avec toi!

Merci à vous, chères lectrices et chers lecteurs (je sais qu'il y en aura quelques-uns).

J'ai un cadeau pour toi.

En écrivant **Solopreneuse**, je souhaitais que ton expérience soit au-delà d'une simple lecture.

J'ai donc créé une page avec des ressources complémentaires.

Tu y trouveras :

- Un cahier avec toutes les questions du livre que tu pourras imprimer
- Tous les outils et exercices que je te propose dans ce livre.
- Une liste de ressources complémentaires

Tu peux y accéder en t'inscrivant ici :

https://danielleguerin.com/solopreneuse-bonus

À propos de l'auteure

J'ai créé mon entreprise d'adjointe virtuelle en novembre 2002, parce que je n'étais plus satisfaite dans mon emploi.

Je sentais qu'il y avait mieux pour moi et je rêvais de me lancer à mon compte.

Je n'avais aucune expérience entrepreneuriale, et j'étais la première adjointe virtuelle francophone au Québec (les deux autres travaillaient en anglais).

J'ai donc investi beaucoup de temps et d'argent en coaching et formations de toutes sortes. J'étais déterminée à réussir en affaires.

J'ai bien sûr appris des leçons et commis des erreurs qui m'ont rendue encore plus forte, et qui font de moi la leader que je suis aujourd'hui.

Au fil des années et des apprentissages, je suis passée d'adjointe virtuelle spécialisée dans le soutien administratif pour les coachs, à consultante auprès des entrepreneures qui souhaitent systématiser et automatiser leur entreprise pour gagner plus de temps et d'argent puis, enfin, à experte en autoédition.

Oui, mon entreprise a beaucoup évolué et j'ai souvent changé de clientèle-cible, mais mon désir d'aider les femmes à devenir des entrepreneures autonomes et prospères est resté.

Tu apprécieras ma sensibilité, mon pragmatisme et mon talent pour simplifier ce qui peut te sembler compliqué.

Pour me suivre :

https://danielleguerin.com

https://academiedesadjointes.com

https://facebook.com/danielleguerin.page

https://instagram.com/la_danielle_guerin

https://linkedIn.com/in/ladanielleguerin

Autres livres que j'ai écrits

Adjointe virtuelle d'excellence — Comment démarrer une entreprise d'assistance virtuelle sur des bases solides, co-écrit avec Marie-Renée Buczkowski

Chanceuse! Créer sa chance en surmontant ses peurs

Solopreneurs, récupérez une heure par jour

Réussir son marketing par courriel : Communiquer — Fidéliser — Monétiser

Il n'y a que le train, roman

Lucky! Build your luck by facing your fears (version anglaise de Chanceuse!)

www.ingramcontent.com/pod-product-compliance
Lightning Source LLC
La Vergne TN
LVHW050611200726
843508LV00010B/1808